■ 仏教が伝わる（6世紀中ごろ）
■ 第1回遣唐使（630）
■ 大化の改新（645）
■ 大宝律令（701）
■ 最澄が天台宗、空海が真言宗をひらく
■ 遣唐使廃止（894）
■ 藤原氏による摂関政治始まる
■ 武士の登場
■ 紫式部『源氏物語』
■ 白河上皇の院政始まる（1086）

● アジア各地の音楽の伝来が始まる（5世紀中ごろ）
● 伎楽伝来（612）
● 雅楽寮設置（701）

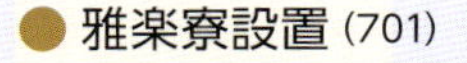

● 琴を弾く埴輪
● 東大寺大仏開眼供養会（752）
● 雅楽の国風化（平安の楽制改革）

天台声明

雅楽の「管絃」

5	6	7	8	9	10	11	12	13
		飛鳥	奈良	平安				鎌倉
中世								

● 教皇グレゴリウス1世（在位590～604）

教皇グレゴリウス1世

● グレゴリオ聖歌（単旋律、教会旋法、ネウマ）

譜線ネウマ

● ノートル・ダム楽派の多声音楽

■ フランク王国成立（486）
■ 隋が中国統一（589）
■ ムハンマドがイスラム教をおこす（610ごろ）
■ 唐が中国統一（618）
■ 新羅が朝鮮半島を統一（676）
■ イスラム帝国（アッバース朝）成立（750）
■ フランク王国の分裂（870）
■ 唐がほろびる（907）
■ 高麗が朝鮮統一（936）
■ 宋が中国統一（979）
■ 十字軍遠征始まる（1096～1291）

音楽のあゆみと音の不思議 1

誕生から古代・中世の音楽

小村公次 著

大月書店

はじめに

音楽室に掲示してある音楽史の年表や音楽の教科書では、バッハやベートーヴェンなど、有名な作曲家の肖像画とともに、古代から現代までの音楽の動きや音楽の歴史をつくった人びとについて説明しています。では、名前も伝わっていない当時の一般の人たちは、どんなふうに音楽を楽しんでいたでしょうか？

このシリーズでは、音楽が人びとの暮らしのなかでどのように楽しまれていたかに注目して、音楽のあゆみを、時代や社会の動きとともに紹介していきます。古代では儀式のための音楽がほとんどで、人びとは農作物を育てたり、狩りをしたり、ご飯をつくって食べたりと、暮らすのにせいいっぱいでした。人びとが音楽を楽しむようになるのは、中世という時代に入ってからのことです。音楽が暮らしのなかに広まってくると、音楽を仕事にする音楽家が活躍するようになります。さらに近代になると、音楽は絵画や文学などとともに芸術として発展していきます。こうしていま、CDやレコードだけでなく、テレビやスマートフォン、インターネットなどでも気軽に音楽を楽しむことができる時代になりました。

またこのシリーズでは、日本と外国の音楽を別々のものとして見るのではなく、同じ時代の動きとして比べながら見ていきます。たとえばバロック時代の大作曲家バッハ（1685〜1750年）が活躍していたころ、日本は江戸時代で歌舞伎や人形浄瑠璃（文楽）が流行しており、それらをつくっていたのが近松門左衛門（1653〜1724年）でした。遠くはなれたこのふたりに共通するのは、市民が楽しむ音楽が豊かに発展した時代に、市民のためにすばらしい音楽をつくっていたことです。このように、日本と外国の社会を比べながら、音楽の特徴について紹介していきます。

最後に、シリーズの第４巻では、「音」とは何か、音と音とが組み合わさって「音楽」になるしくみとルールについて説明します。スポーツでもルールがわかると楽しくなるように、音楽のしくみとルールがわかると、音楽をさらに楽しく味わうことができるようになるでしょう。

このシリーズを通して、みなさんが、いままで以上に音楽が好きになることを願っています。

小村 公次

音楽のあゆみと音の不思議シリーズ

1巻　誕生から古代・中世の音楽

2巻　中世からバロックの音楽

3巻　古典派から現代の音楽

4巻　音楽のしくみとルール

小村 公次（おむら・こうじ）

1948年、島根県生まれ。広島大学教育学部音楽科卒業。1976年、第1回『音楽現代』新人評論で第一席入選。以後、オペラとオーケストラおよび日本の作曲活動を中心に、音楽批評活動を行っている。クリティーク80同人、ミュージック・ペンクラブ・ジャパン会員。

1巻について

第1巻では、石器時代の出土品を手がかりに音楽の誕生をさぐり、古代から中世までの音楽のあゆみを紹介していきます。

古代社会では、国家の儀式や宗教儀礼とともに音楽が発展しました。楽譜のもとになるものや、音楽の用語、音楽のルールのもとがつくられていきます。

奈良時代の日本では、中国や朝鮮などの国ぐにとさかんに交流して、外国の音楽と制度を輸入しました。平安時代になると、貴族たちは、儀式の音楽だけでなく、個人の楽しみで音楽を愛好するようになります。これはヨーロッパの貴族たちも同じです。

中世ヨーロッパのグレゴリオ聖歌と日本の宗教音楽である声明にも、共通するものがありました。

もくじ

音楽はいつ、どのようにして生まれたか

新人が登場した約20万年前、人びとは骨や石でつくった笛を吹いていました。これが音楽についての一番古い手がかりです。また、声に抑揚や変化をつけて、音楽の始まりにあたる活動をしていたとも考えられています。

人類の出現と音楽活動の手がかり

音楽の歴史をたどっていくと、現在の人類の直接の祖先である新人（ホモ・サピエンス）が登場した約20万年前の旧石器時代★1までさかのぼります。この時代の遺跡から、動物の骨や石を加工してつくった笛と思われるものが発見されているからです。

そこでまず、発掘された出土品などを通して、音楽がどのように生まれたのかについて考えてみることにします。

旧石器時代の笛

ドイツ南部のガイセンクレステルレ洞窟では、マンモスの牙でつくられた長さ18.7㎝の笛が発見されています。約４万3000年前のもので、現在のところ世界最古の笛です。また、この近くのホーレ・フェルス洞窟からは、約３万5000年前のワシ

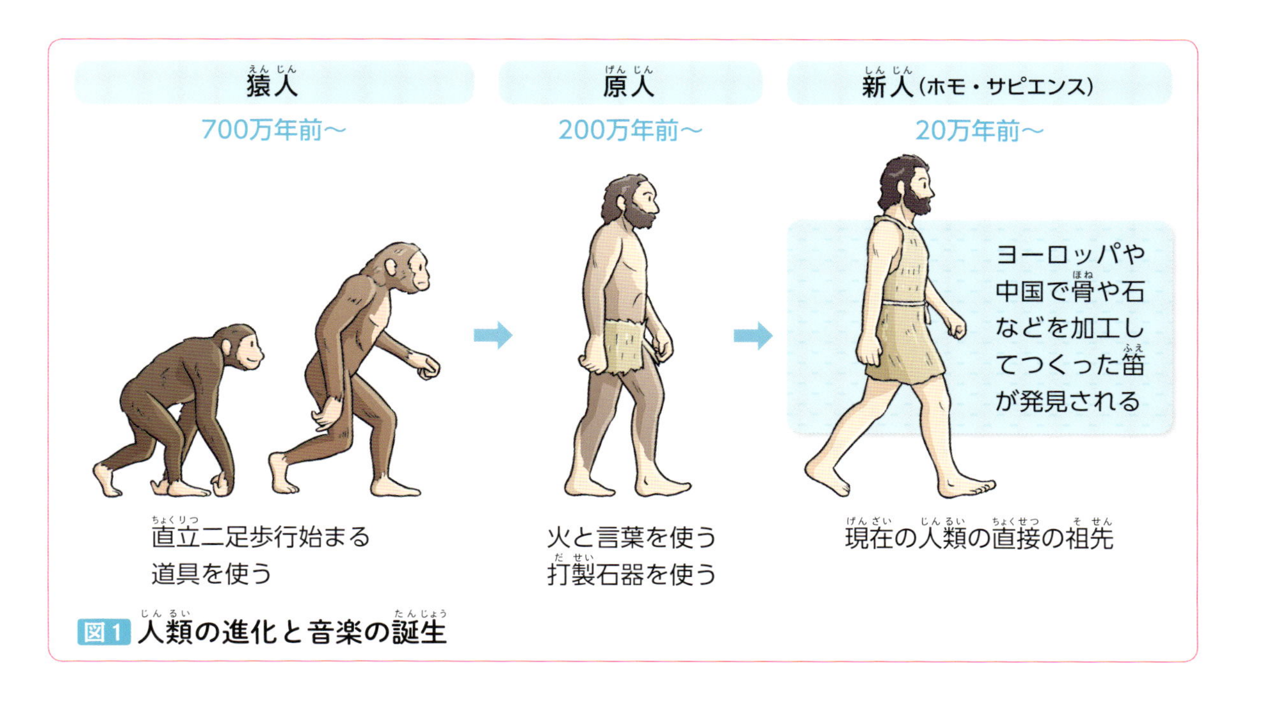

図1 人類の進化と音楽の誕生

図2 ラスコー洞窟の鹿の壁画

の骨でつくられた笛が見つかっています。これらの笛の胴の部分には、複数の穴がありました。これはいろいろな高さの音を出すことができるように加工したものと考えられています。

多くの動物の壁画がえがかれていることで有名なフランスのラスコー洞窟 図2 からは、約２万年～１万4500年前の鹿の骨でできた笛が出土しています。この笛を吹くと鋭く強い音が鳴りました。

縄文時代の笛

日本列島が現在の姿になったのは、最後の氷河期が終わり海水面が上昇した約１万年前のことです。日本で音楽活動の手がかりが見つかるのは、縄文時代★2に入ってからです。遺跡から石や土でできた笛と思われるものが出土しています。

もともと穴があいた石が多くあり、それに息を吹きこむと音が出たため、石笛として使ったと思われます。

また、加工して穴をあけた石の笛も見つかっています。熊本県の貝塚で見つかった石笛と思われる出土品は、約5000年前ののものです 図3。この石笛は人の手で磨かれたと見られ、内側はくりぬかれており、上部の穴から息を吹きこむと甲高い音が鳴りました。

4000年～3000年前のころには、土でできた土笛がつくられるようになりました。秋田県の遺跡から出土した土笛は、海の動物をかたどったような形をしており、表面には文様が刻まれていました 図4。この笛の吹き口はひとつです。吹く角度や、指で穴を開け閉めしたりすることで、５つの音が出たことがわかっています。

図3 熊本県宇土市轟貝塚から出土した石笛
（サイズ：長さ6㎝、幅2.9㎝、厚さ1.6㎝）
写真提供：宇土市教育委員会

図4 秋田県高石野遺跡から出土した土笛
（サイズ：長さ12㎝、幅10㎝、厚さ3.3㎝）

★1 旧石器時代

狩りや採集をして移動しながら生活し、打製石器（石を打ち砕いてつくった石器）を使っていた時代を「旧石器時代」といいます。約１万年前までつづきました。

★2 縄文時代

人びとはたて穴住居で定住するようになります。狩りや漁、採集でえた食べ物の保存・煮炊きのために、縄目の文様がついた縄文土器がつくられました。
こうした生活をしていた約１万年前から紀元前４～前３世紀ごろまでを「縄文時代」といいます。

★3　新石器時代

最後の氷河期が終わり、地球が暖かくなった約1万年前ごろから、土器や磨製石器（石を磨いてつくった石器）がつくられたり、狩りや採集に加えて、農耕や牧畜が始まるようになります。この時代を「新石器時代」といいます。日本では、「縄文時代」のころにあたります。

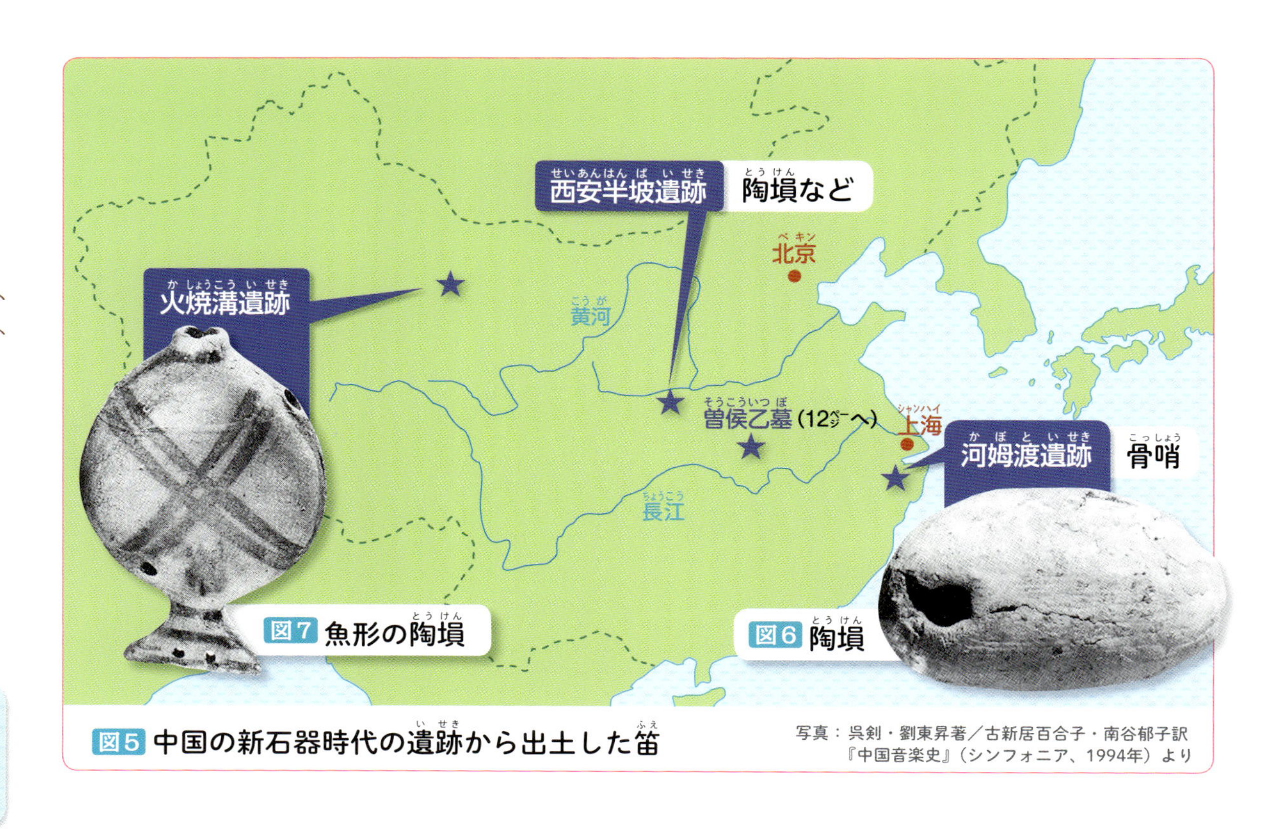

図5 中国の新石器時代の遺跡から出土した笛

写真：呉剣・劉東昇著／古新居百合子・南谷郁子訳『中国音楽史』（シンフォニア、1994年）より

新石器時代の中国の笛

中国では、新石器時代★3の遺跡から音楽活動が行われていたことがわかる出土品が見つかっています。長江の河口流域にあった遺跡や、黄河の中流にあった遺跡からは約6000年前に住民たちが使っていた陶塤が出土しています図6。陶塤は石笛や土笛を起源とする土を焼いてつくった笛で、上部に吹き口があり、息を吹きこんで音を出すことができました。吹き口のほかに穴がひとつあり、２つの音を出すことができた陶塤も出土しています。

ほかにもこの時代の遺跡からは、骨哨という動物の骨でできた笛も出土しています。この笛は長さが６～10㎝で、穴は２つ、狩りをするときに使われました。

また、約3700年前の遺跡からは、魚の形をした陶塤が出土しています図7。この陶塤には穴が３つあり、古代中国の音階のうちの４つの音にあたる音が出ました。

石器時代の笛は何のために使われたか

ヨーロッパで発見された旧石器時代の笛や、中国や日本で見つかった新石器時代の笛は、音楽を奏でるためのものだったのでしょうか。文字がない時代なので、出土した物から推測するしかありません。

手がかりは、鋭く高い音が鳴る笛が多いということです。山梨県の遺跡から出土した縄文時代の土笛図8は、人間の耳には聞きとれないほど高い音で、耳が痛くなるような音を発することが報告されています。こうした高音は人間には聞こえなくても、犬などには聞こえることから、動物の訓練や狩りなどで使われたのではないかと考え

図8 山梨県釈迦堂遺跡から出土した土笛
（サイズ：左＝長さ3.5cm、幅2.4cm、厚さ1.1cm／右＝長さ5.5cm、幅3.7cm、厚さ1.8cm）
写真提供：釈迦堂遺跡博物館

られています。

日本では弥生時代になると、オス鹿をおびき出して狩りをするために、メス鹿の声に似た音を出す鹿笛が使われるようになります。鹿笛は20世紀にいたるまで、形や音を出すしくみがほとんど変化することなく使われてきました。こうしたことからも、石器時代の笛が、狩りなどで使う音の出る道具だったと考えることができます。

さらにこの時代の笛は、洞窟の暗やみのなかで死者の霊と心を通い合わせたり、あるいは鳥や動物の鳴き声をまねたりして、結果として狩りに役立ったかもしれませんが、娯楽の役割も持っていたともいわれています。

音楽の誕生

石器時代というはるか昔、私たちの遠い先祖は石や動物の骨を加工して音を鳴らすことができる笛をつくり、なんらかの目的のために使っていたようです。これは楽器の誕生を意味します。まだ「芸術」とはいえない段階だったとしても、楽器としての笛を鳴らすということは、音楽の始まりといえます。

いっぽう、言葉を使うようになった人類が、声に抑揚や変化をつけたりして、音楽の始まりにあたる活動をしていたのではないか、という考え方もあります。

言葉は情報を伝え、人びとが交流するだけでなく、喜びや怒りなどの感情をあらわします。人間の声は感情の変化によって、口調が早くなったり、声が高くなったりします。こうした変化をまねすることで、「歌」へと発展していったと考えられています。

人類の出現と音楽活動についての研究は、21世紀になってから飛躍的に発展しました。遺跡の出土品がつくられた正確な年代が科学的な方法で測定できるようになったり、人間の脳の働きをくわしく調べる研究が進みました。さまざまな研究成果を総合することによって、いままでわからなかったことが解明されるようになっています。これから先、音楽の始まりについての大きな発見があるかもしれません。

西洋	世紀	日本
	B.C.	旧石器 縄文
古代	A.D. 1	弥生
	2	
	3	
	4	古墳
	5	
	6	
	7	飛鳥
	8	奈良
中世	9	平安
	10	
	11	
	12	
	13	鎌倉
	14	南北朝
ルネサンス	15	室町 戦国
	16	安土桃山
バロック	17	江戸
古典派の音楽	18	
ロマン派の音楽	19	明治
現代の音楽	20	大正 昭和
	21	平成

このころの音楽は?

古代日本の音楽

銅鐸と埴輪が物語るもの

弥生時代の銅鐸はどんどん大型化して鳴らすことができなくなり、ついには姿を消します。いっぽう、埴輪や神話に出てくる琴は、弥生時代から古墳時代に登場した日本固有の楽器で、さまざまな場面で使われ演奏されました。

「聞く銅鐸」から「見る銅鐸」へ

銅鐸はもともと古代中国で家畜の首につりさげられていた畜鐸という大きな鈴がルーツでした。この畜鐸が朝鮮半島に伝わると小銅鐸とよばれ、これが弥生時代★1の日本に伝わって銅鐸となりました。

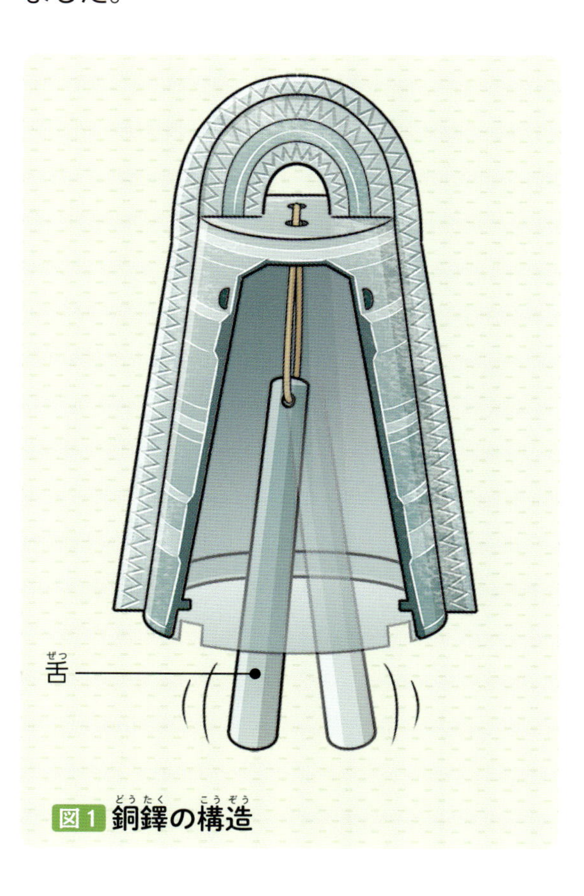

図1 銅鐸の構造

銅鐸には内部に舌というものがあり 図1 、ゆらして音を鳴らしたと考えられています。銅鐸は青銅でできていて、放っておくと黒ずんでしまうので、当時の人びとはこの銅鐸をピカピカに磨いたと思われます。それまで土器しかなかった時代なので、金色に輝く銅鐸は人びとに強烈な印象を与えたことでしょう。

この「聞く銅鐸」は弥生時代の中ごろには使われなくなり、文様でかざられた「見る銅鐸」がつくられるようになります。「見る銅鐸」はどんどん大きくなり、最後には高さが１mを超える巨大なものまであらわれます。こうなると、つり下げて鳴らすことはできません 図2 。

銅鐸は神や先祖をまつる行事、つまり祭祀のときに音を鳴らす道具（祭器）として使われていました。やがて有力者が権力や富を誇示するための装飾品という役割も持つようになりました。ところがこの銅鐸も、弥生時代の終わりごろには使われなくなります。その理由として、祭祀で使う祭器が銅鐸から銅の鏡に代わったため捨てられたという説や、祭祀そのものが変化した結果、使われなくなったという説などがあります。

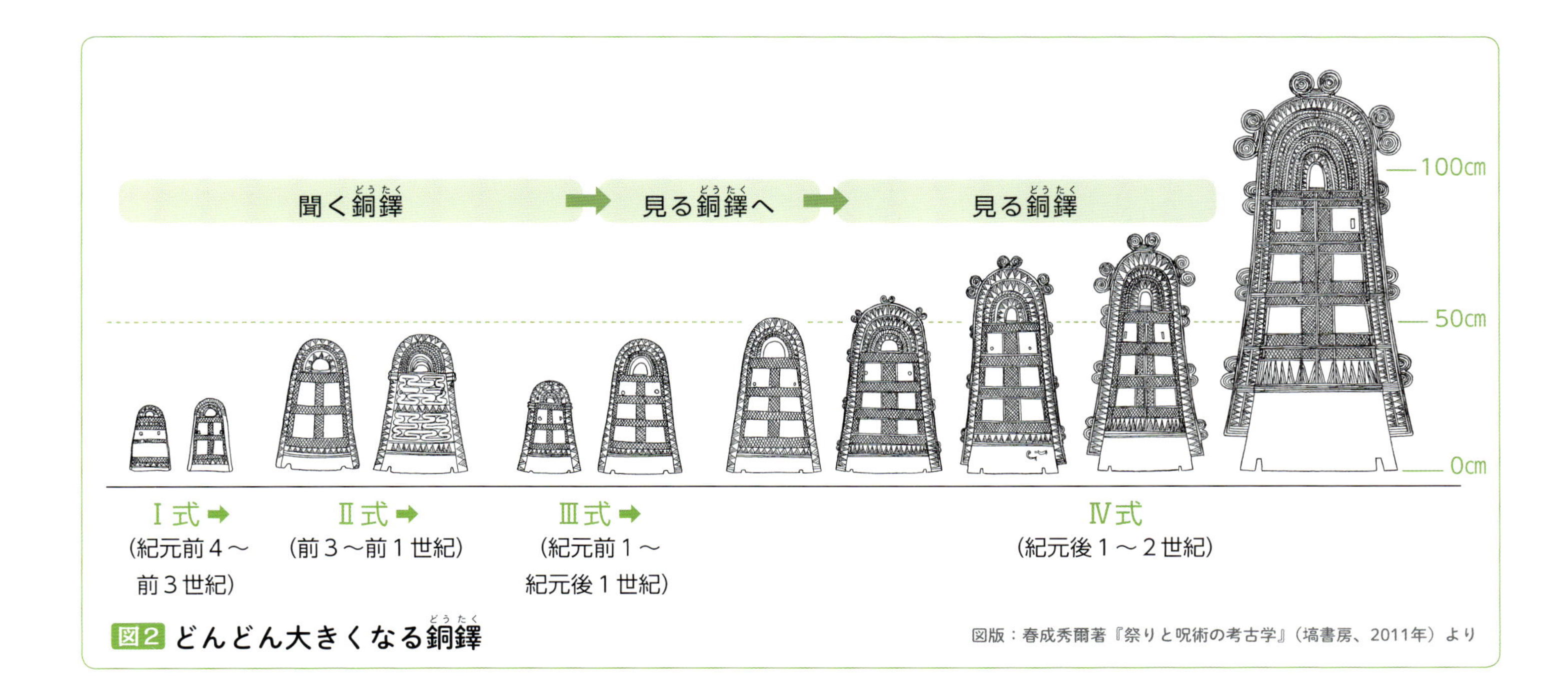

図2 どんどん大きくなる銅鐸

図版：春成秀爾著『祭りと呪術の考古学』(塙書房、2011年)より

遺跡から出土した琴

弥生時代の紀元後１～２世紀ごろの日本で広く使われたのが琴でした。

琴と思われる出土品が見つかったのは静岡県の登呂遺跡で、最初は使い方のわからない板だと思われていました。ところが1951年に音楽学者が調査した結果、琴だと鑑定されました**図3**。この琴の尾部には弦をとめるためと思われる６つの突起がありました。こうしたタイプの琴を「板作りの琴」といいます。

滋賀県守山市の遺跡からは、琴板に共鳴槽がついた「槽作りの琴」というタイプの琴が出土しています**図4**。全長１ｍを超え、板作りの琴と比べると、約３倍も大きいものです。

さらにこの琴には琴柱が４つ見つかりました。琴柱とは、琴に張った弦の音の高さを調節するためのものです。高い音から低い音まで、さまざまな音を奏でることができたと思われます。

「板作りの琴」は小型でした。共鳴槽のある「槽作りの琴」は大型で、奈良時代や平

★1 弥生時代

紀元前４世紀ごろに中国や朝鮮半島などから渡来した人びとによって日本に稲作が伝えられます。稲作とともに青銅器や鉄器も入ってきました。保存や煮炊きがしやすい弥生土器がつくられたり、小さな国ができます。紀元前４～前３世紀から紀元後３世紀ごろまでを「弥生時代」といいます。

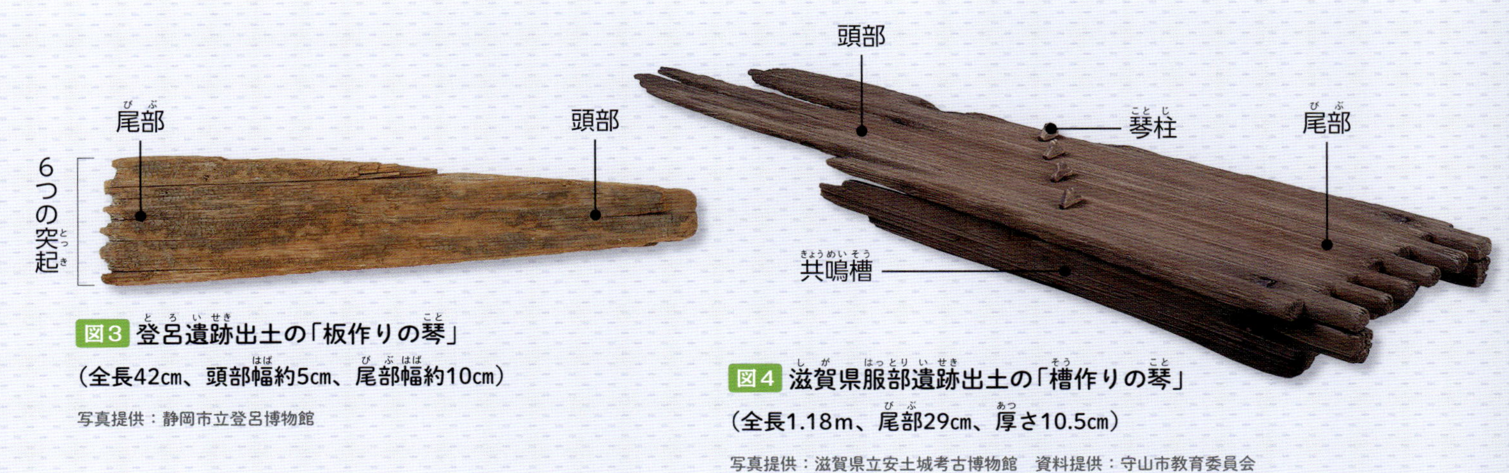

図3 登呂遺跡出土の「板作りの琴」
(全長42cm、頭部幅約5cm、尾部幅約10cm)
写真提供：静岡市立登呂博物館

図4 滋賀県服部遺跡出土の「槽作りの琴」
(全長1.18m、尾部29cm、厚さ10.5cm)
写真提供：滋賀県立安土城考古博物館　資料提供：守山市教育委員会

安時代に、神楽歌や久米歌★2など日本古来の歌舞の伴奏で使われた和琴（33ページ）の原型と考えられています。

★2 神楽歌・久米歌
日本古来の祭祀用の音楽。雅楽では「国風歌舞」とよばれる歌舞に分類され、宮中の儀式で演奏されます。久米歌は日本最古の歌舞とされています。

楽器を演奏する埴輪

３世紀後半から６世紀末にかけての日本は、各地で古墳がたくさんつくられたことから、古墳時代とよばれています。古墳とは土を盛り上げてつくったお墓のことで、当時の王や豪族などの有力者が自分の権力を示すものでした。

図5 琴を弾く埴輪（群馬県前橋市朝倉町出土）

写真提供：公益財団法人相川考古館

古墳の内部には、埋葬者とともに銅鏡やまが玉、刀、馬具、農具などの副葬品が納められ、周囲には埴輪が並べられました。そのなかで楽器を演奏している埴輪が見つかっています。琴を演奏している埴輪は関東地方を中心に約30点出土しています 図5。多くは古墳時代後期のもので、琴のほかに角笛と思われるものを背負った武人の埴輪や鼓を打っている埴輪も出土しています。

埴輪の人物は、ほとんどが男性で、服装や髪形、身につけている物などから、楽器の演奏を仕事にしていた人たちだったと考えられます。

琴や鼓を演奏している埴輪は、お墓に埋葬する儀式で音楽を演奏している様子をえがいたものとされています。こうした琴や鼓は、音楽を奏でるというより、鳴り響く音そのものに神聖な意味があったようです。

古代の琴と音楽活動

古代の神話や伝説にも、琴について書かれたものがあります。奈良時代にまとめられた歴史書『古事記』★3では、大国主命が須佐之男命の娘の須勢理毘賣をうばって逃げるときに、「天の詔琴」を持ちだそうとする場面があります。その琴が木にふれて鳴り響き、警告を発したと書かれています。天の詔琴とは、神のお告げ（神託）を受けるときに使われた琴です。

また、九州南部に住んでいて中央政権に従わなかった熊襲とよばれる人たちを武力で従わせるため、筑紫（古代の九州のよび名）に行った天皇が、神託を受けるために琴を弾く場面が出てきます。さらにお祝いの行事や宴会をひらいて楽しむときに琴が演奏されたことが、『日本書紀』★3などに書かれています。

こうした古代の琴は、メロディーを弾くのではなく、全部の弦を一気にはじいて鳴らしたと考えられています。その手がかりは、現在でも神社などで演奏されている和琴の演奏法です。和琴は琴軋という長さが８㎝ほどの撥を使って６本の弦をバランバランと一気に弾きます。これを菅掻といい、のちには箏の奏法にも取り入れられました。

古代の人びとは琴の音の響きそのものに神秘的な力を感じていたのでしょう。

古代日本の音楽

弥生時代から古墳時代にかけての日本では、琴という日本固有の楽器が登場し、それが王や豪族などの葬儀や神事だけでなく、権威の象徴として、あるいは神託を受けるときの祭器として使われるようになりました。さらに、宴会の場での音楽演奏でも使われるようになります。もちろん琴が楽器のすべてではなく、笛や太鼓などのほかに、人間の声も入りました。

やがて奈良時代になると、国の制度として、外国から伝来した音楽と日本古来の音楽とを整理し、専門的な音楽家を養成するようになります（26〜30ページ）。

★3
古事記・日本書紀
奈良時代になって国のしくみが整うと、日本という国の始まりや天皇が国をおさめてきた歴史を明らかにしようとする動きがおこり、神話や伝承、記録などをもとに『古事記』や『日本書紀』という歴史書がつくられました。

古代中国の音楽

巨大な編鐘が物語るもの

古代中国では、儒学にもとづいて、音楽が社会の秩序をたもち、人びとの心をやわらげるものとして重んじられました。こうした考え方は高度な音楽理論を生み出し、のちの時代に大きな影響を与えました。

曽侯乙墓の編鐘

日本が弥生時代のころ、中国は春秋戦国時代（前770～前221年）で、多くの国ぐにがたがいに争う戦乱の時代でした。戦国時代の初期につくられた曽侯乙墓という曽国の王の墓から、青銅でできた巨大な編鐘が1977年に発掘されました。

この編鐘は大小合わせて65個の鐘を３段につり下げていて、１つの鐘で２つのちがう高さの音を鳴らすことができます。そして全部で５オクターブ半という広い音域の音を出せるのです。現代のピアノの鍵盤が７オクターブ半ですから、この編鐘がいかにスケールの大きなものだったのかがわかります。

編鐘の大きな鐘は、日本のお寺のつり鐘のように太い木の棒で突くように鳴らし、小さな鐘は木槌のようなものでたたいて鳴らしました。何人かの演奏者が分担して、和音を鳴らしたり、メロディーを奏でたりもできます。

図１ 曽侯乙墓から出土した編鐘　写真：呉剣・劉東昇著／古新居百合子・南谷郁子訳『中国音楽史』（シンフォニア、1994年）より

編鐘の裏側には、曽の国で定めた音の名前や、ほかの国で定めた音の名前との関係や、音階のしくみについても刻まれていました。

高度な音楽理論

中国では古代から音楽の理論について記録した書物があります。最も古いものは春秋時代の歴史書『国語』のなかの「周語」です。「周語」には、紀元前522年に周という国の景王が、当時の著名な音楽家の伶州鳩に基準となる音をどうやって決めるのか、その方法をたずねたところ、「三分損益法」によって決められると伶州鳩が答えたことが書かれています。

「三分損益法」とは、ある長さの管が出す音を基準にして、その管の長さを３分の１だけ短くしたり、長くしたりすることをくり返すことで、協和する音を決める方法です 図2。

管の長さを短くすることを「損」、長くすることを「益」といいます。この２つを組み合わせて音を決めたので、「三分損益法」と名づけられました。

ａの管が出す音を「ド」とすると、それを３分の１短くしたｂの管はａより高い「ソ」の音が出ます。さらにｂの管を３分の１長くすると、ｂより低い「レ」の音となります。これをくり返すことで協和する音を決めることができました。

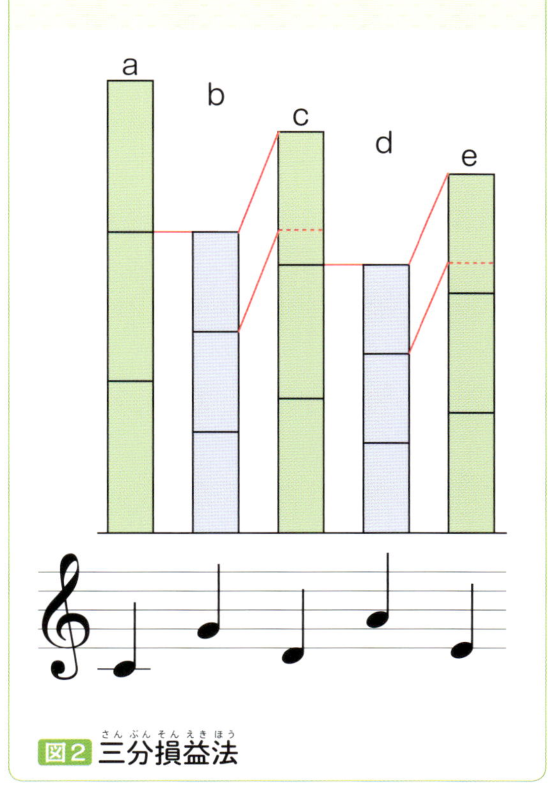

図2 三分損益法

十二律とは？

曽侯乙墓の編鐘は、中音域で１オクターブを構成する12の音がすべてそろっていました。１オクターブとは、ピアノの鍵盤でみると 図3（14ページ）、左はしのＣ（ド）から上のＣ（ド）までの音のへだたりをあらわします。この２つの音の間には、白い鍵盤の音が７つ、黒い鍵盤の音が５つ、合計すると12の音があり、古代中国ではこれを「十二律」といいました。

この12の音は三分損益法で決めたものです。そのなかの５つの音からなる「五声」や、７つの音からなる「七声」という音階がつくられました。音階とは音楽で用いる音を高さの順に並べたもので、その音の並び方によって、いろいろなことが表現できることから、音階についての研究が古代から行われてきました。

十二律の「律」とは、基準となる音の高さをあらわす言葉で、それを定める管を律

「三分損益法」は、古代ギリシャの「ピタゴラス音律」と同じ考え方なんだよ。
24・25ページにピタゴラスが登場するよ。
➡くわしくは 4巻

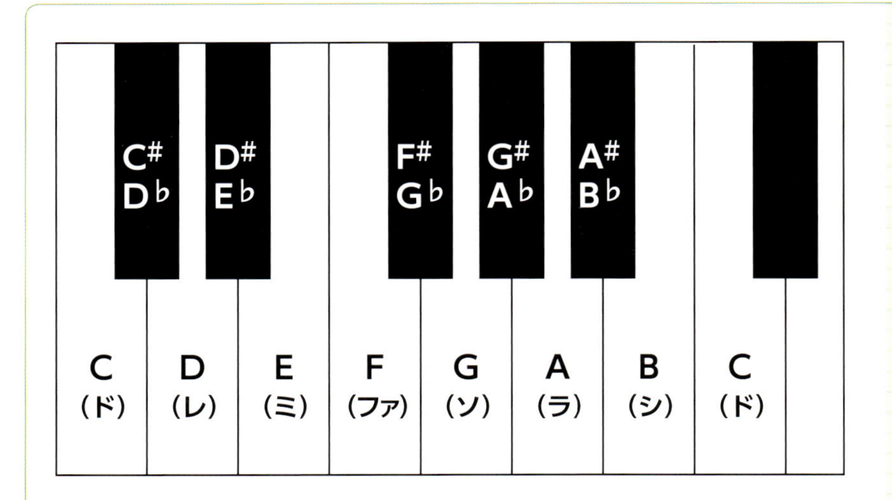

図3 1オクターブと12の音

2つの音の高さのへだたりを「音程」といい、音程をあらわす単位を「度」といいます。ピアノの鍵盤でみると、左はしのC(ド)とそのとなりのD(レ)の音程を2度音程、C(ド)とE(ミ)を3度音程というようにあらわします。オクターブとは、ある音と同じ名前をもつ8度上の音との音程をあらわす言葉で、同じ音のように協和する響きです。音程については4巻でくわしく説明します。

管といいました。『呂氏春秋』という戦国時代の書物には、伶倫という音楽をつかさどる伝説上の役人が、崑崙という、中国の西方にあるとされる仙界の山に行き、竹を使って均一の太さの長さ3寸9分（約11.8㎝）の律管をつくり、それを黄鐘律と定めたと書かれています。

また『淮南子』という書物には「黄鐘の管の長さは9寸（約27.3㎝）」で、そこから十二律を決めたとあります。

古代の中国では、特定の長さの管が発する音の高さを基準の音として、それを「黄鐘」とよびました。

しかし、『呂氏春秋』では3寸9分、『淮南子』では9寸というように、管の長さが異なるため、基準となる音の高さは国や時代によってバラバラでした。その後、漢の時代になって音楽の制度が整えられると、「黄鐘は9寸」と決められ、基準となる音の高さが統一されました。

古代中国の音楽思想

古代の中国で、高度な音楽理論を生み出したのは、音楽の専門家ではなく、儒学を修めた人たちでした。

儒学とは、春秋時代の思想家である孔子（紀元前551～前479年）が説いた政治・道徳の教えです。儒学者たちは支配者であ

図4 東京の湯島聖堂にある孔子像

る王のために、どのような音楽が理想的であるかを論じました。

儒学者たちがとくに重視したのは、音の調子や高さなどのしくみを研究する「音律学」でした。調和する音の響きは、国をおさめる王の政治や国家の安定を象徴すると考えました。

さらに音律学は、時間や距離、重さなどの単位を決めることと深い関係にありました。天体観測や暦の作成、重さや長さをはかる基準を決めるときに、音律学の知識を役立て、音律学の用語が使われたからです。

儒学者たちは音楽にどのような効用を期待していたのでしょうか。孔子の言葉や問答などをまとめた『論語』★という書物には、音楽に関する記述がたくさんあり、たとえば「詩に興り、礼に立ち、楽に成る」と書かれています。孔子は人格を完成させる最後の段階として音楽をとらえていました。

礼楽思想と音楽

古代中国では、社会の秩序を安定させ、人びとの心をやわらげる役割や感化する働きを持っているとして、音楽が尊重されました。こうした考え方を「礼楽思想」といいます。そして、音楽は知識人がかならず学ぶべき学問のひとつとされ、中国文明の根本となるものとして後世に大きな影響を与えました。しかし、その解釈をめぐっては、さまざまな論争がくり広げられました。

戦国時代の思想家の孟子（紀元前372〜前289年）は、孔子が非難した民間に広まっている音楽をある程度評価しました。それは宮廷の音楽と民間の音楽の調和をはかろうとしたからです。

このように古代中国では、儒学者による音楽理論がさまざまに展開され、それが国を支配するよりどころとなりました。そして礼楽思想は中国における音楽や芸術の根本となる考え方として受けつがれ、紀元前２世紀ごろの漢の時代には、宮廷で演奏される音楽である「雅楽」へと発展しました。中国の音楽は朝鮮や日本などの国ぐににも取り入れられて、現代にいたるまで影響を与えています。

★ 論語

孔子の言葉や行動、孔子と弟子との問答、弟子どうしの問答などを、孔子の死後に弟子たちが集めてまとめた書物。儒学の基本となる文献で、孔子が理想とする道徳や政治・教育などについて書かれています。

西洋 世紀 日本

このころの音楽は?

西洋	世紀	日本
	B.C.	旧石器 縄文
古代	A.D. 1	弥生
	2	
	3	
	4	古墳
	5	
	6	
	7	飛鳥
	8	奈良
	9	
	10	平安
中世	11	
	12	
	13	鎌倉
	14	南北朝
ルネサンス	15	室町 戦国
	16	安土桃山
バロック	17	
古典派の音楽	18	江戸
ロマン派の音楽	19	明治
現代の音楽	20	大正 昭和
	21	平成

古代オリエントの音楽

壁画や楽器が物語るもの

世界最古の文明が生まれたオリエントでも、戦勝を祝う宴会、祈りの儀式など国家の行事で音楽は大きな役割をはたしました。オス牛の形をしたリラやハープ、トランペットなど多彩な楽器が演奏され、歌手や楽師が活躍しました。

古代メソポタミアと音楽

オリエントとは、「太陽ののぼる方向」を意味するラテン語の「オリエンス」に由来し、ヨーロッパから見て、東の地をさす言葉です。なかでも、ティグリス川とユーフラテス川にはさまれたメソポタミア平原からシリアをへてパレスチナ、さらにエジプトにいたる一帯は「肥沃な三日月地帯」とよばれ、最も早く文明が生まれたところです。とくにメソポタミアでは、紀元前3000年ごろから都市国家★1が誕生し、高度な文明が開花しました。

オス牛の形をしたリラが物語るもの

古代メソポタミアの都市国家では、リラ

図1 「肥沃な三日月地帯」と古代オリエントの都市 ● 都市

という竪琴が重要な楽器でした。

メソポタミア南部のウルの王墓から、紀元前2600年ごろにつくられたとされる、オスの牛の形をした複数のリラが出土しています。

そのうちのひとつは銀でおおわれているため「銀のリラ」とよばれています 図2。高さが97.5㎝、共鳴胴の長さが69㎝という大きなものです。銀のほかに貝やラピスラズリ、赤い石灰岩などで豪華に装飾されていて、特別な祭儀のときに使われたと思われます。

また、金でおおわれていて、最も美しいとされた「黄金のリラ」は、イラクの首都バグダッドの国立博物館に展示されていました。ところが、2003年に起きたイラク戦争で破壊されてしまいました。

リラの共鳴胴がオス牛の形をしているのは、古代メソポタミアにおいて、オスの牛は穀物の豊かな実りを祈るシンボルであり、その角は神のシンボルと考えられていたからです。

宴会や祝いの儀式にかかせない音楽

オス牛の形をしたリラが、古代メソポタミアの音楽で重要な楽器であったことは、「銀のリラ」と同じくウル王墓から発掘された「ウルのスタンダード」とよばれる工芸品にえがかれた「平和の場面」からもわかります 図3 （18ページ）。

これは戦争に勝ったことを祝う宴会の様子をえがいたもので、最上段の右はしにリラを奏でる楽師と長い髪の人物がいます。

図2 ウルの王墓から出土した「銀のリラ」（ロンドンの大英博物館所蔵。高さ97.5㎝、共鳴胴の長さ69㎝、上のバーの長さ103㎝）

長い髪の人物は「ガラ神官」とよばれる男性の歌手で、楽師の伴奏で戦勝を祝う歌を歌っています。楽師が演奏しているのは携帯型のリラで、共鳴胴はやはりオスの牛の形をしています。

また、地中海に面したウガリットの遺跡からは、紀元前1400年ごろの粘土板に楔形文字で刻まれた、世界最古と思われる楽

★1　都市国家

日本や中国、アメリカのように広い領土を支配する国家ではなく、都市そのものが独立して1つの国家を形成する場合を「都市国家」といいます。

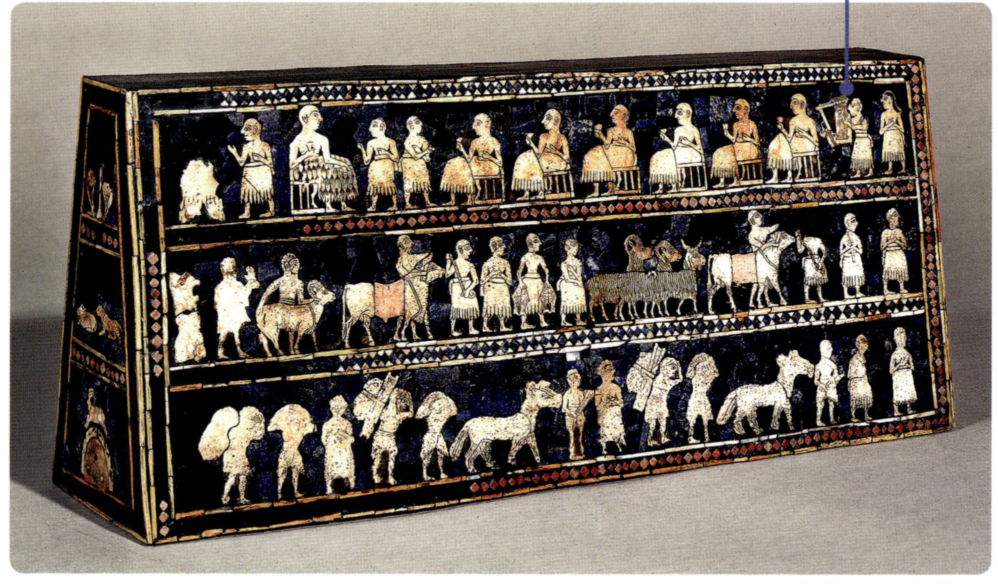

図3 「ウルのスタンダード」の「平和の場面」。「ウルのスタンダード」(大英博物館所蔵)は高さ約21.7cm、長さ約50.4cmの工芸品です。上段左から３番目が王で、椅子に座っている６人は家臣と思われます。反対側の面には「戦争の場面」がえがかれています

宴会でリラが演奏されている様子がえがかれているんだね

譜が見つかっています。調査にあたった学者は、この楽譜が複数のパートからなる讃美歌だったと報告しています。

　このように、世界最古の文明が生まれた古代メソポタミアでは、宴会や祝いの儀式などで音楽が重要な役割をはたしていたのです。

古代エジプトの多彩な楽器

　古代エジプトでは、レリーフ（浮彫）や壁画などに音楽を演奏する様子がたくさんえがかれました。登場する楽器は、トランペット、双管オーボエ★2、長棹リュート★3、ハープ、シストルムという打楽器など、多

図5 オペラ「アイーダ」第２幕「凱旋の場面」
(2011年ヴェローナ音楽祭)

図4 古代エジプトのトランペット

図6 アイーダ・トランペット

図7 ナクトの墓（紀元前1450～前1405年ごろ）の壁画にえがかれた器楽トリオ。演奏している楽器は、左が双管オーボエ、中央が長棹リュート、右がハープ

図8 古代エジプトの壁画にえがかれたシストルム（左）と、出土した紀元前380～前250年ごろのシストルム（右）

種多様です。遺跡からは楽器の実物も発掘されています。多彩な楽器で合奏をしていたと考えられています。

古代エジプトのトランペットは、長い管が特徴です 図4。イタリアの作曲家ヴェルディ（1813～1901年）は、オペラ「アイーダ」の「凱旋の場面」で、古代エジプトのトランペットをまねたものを特注し、実際の舞台上演で使いました 図5 図6。

ナクトの墓の壁画には、双管オーボエ、長棹リュート、ハープによるトリオ（三重奏）がえがかれていました 図7。

シストルムとよばれる打楽器 図8 も使われていました。金属製の枠に細い金属の棒や輪がついていて、がらがらのようにふって鳴らすものです。神に仕える巫女が儀式で使いました。エジプトのほかに、地中海沿岸の各地でも発掘されています。現在でも使われている楽器です。

楽譜の役割をはたしたもの

古代エジプトには楽譜にあたるものはありませんでした。そのかわり、指や手、腕などを使って音楽をあらわす「カイロノミー」が楽譜の役割をはたしていました。カイロノミーによって演奏者に合図を送る人のことを「カイロノミトス」といいます 図9。

ハープ奏者とカイロノミトスがえがかれた壁画には、象形文字が書かれており、音

★2 双管オーボエ

2つの管をVの字形につないだ管楽器。吹き口はひとつで、2本同時に鳴らすことができました。

★3 長棹リュート

三味線のように、共鳴胴と棹からなる弦楽器です。

図9 ハープ奏者とカイロノミトス（演奏者にサインを送る人）

楽の内容をあらわしていると考えられています。また、指で数字をあらわす様子がえがかれたレリーフもあり、これはリズムをあらわしているとされています。

手を使って音やリズム、旋律の動きなどを表現する方法は、現代でも使われています。

ハンガリーの作曲家コダーイ・ゾルターン（1882～1967年）は、イギリスの音楽教育家ジョン・カーウェンが考案した「ハンドサイン」を改良し、手で音をあらわす方法を音楽教育で用いました。図10はハンドサインがあらわす音を示したものです。

〈ド〉 〈レ〉 〈ミ〉 〈ファ〉 〈ソ〉 〈ラ〉 〈シ〉 〈ド〉

図10 コダーイのハンドサイン

古代エジプトの音楽がもたらしたもの

紀元前４世紀、古代ギリシャ北方のマケドニアのアレクサンドロス大王が、ギリシャを支配して、さらにシリア、エジプト、ペルシャを征服し、インドまで攻め入りました。この結果、ギリシャの文化が東方の文化と結合してヘレニズム文化が生まれました。この時代には、地中海をはさんだギリシャやローマで、エジプトの楽器と同じものが使われていました。

紀元後79年にヴェスヴィオ火山の大噴火で埋没したイタリアの古代都市ポンペイの遺跡からは、古代エジプトと同型のシストルムが見つかっています。また、双管オーボエは古代ギリシャ時代の壺などにえがかれています（22・23ページ）。

古代エジプトの音楽はメソポタミア文明の影響を受けて発展し、地中海をはさんだ古代ギリシャやローマに大きな影響を与えました。

古代ギリシャの音楽

西洋音楽に大きな影響をもたらしたもの

「音楽」の語源はギリシャ語の「ムーシケー」で、音楽や芸術をつかさどる女神ムーサに由来します。古代ギリシャでは音楽と演劇が一体となって演じられ、のちのルネサンス時代には理想の音楽のモデルとなりました。

古代ギリシャに由来する音楽の言葉

現在使われている「劇場」や「オーケストラ」、「コーラス」という言葉は、古代ギリシャに由来するものです。図1は古代ギリシャの劇場をあらわしたものです。円形舞踊場をギリシャ語では「オルケストラ」とよび、これが「管弦楽」を意味する「オーケストラ」として使われるようになりました。観覧席は「テアトロン」とよばれ「劇場」をあらわすようになります。円形舞踊場では「コロス」という合唱隊が歌い踊りました。ここから合唱を意味する「コーラス」という言葉が生まれました。

古代ギリシャの劇場の遺跡は、いまでも各地に残っています。図2はアポロンの神託（23ページ）で有名な神殿があったデルフォイの古代劇場跡です。

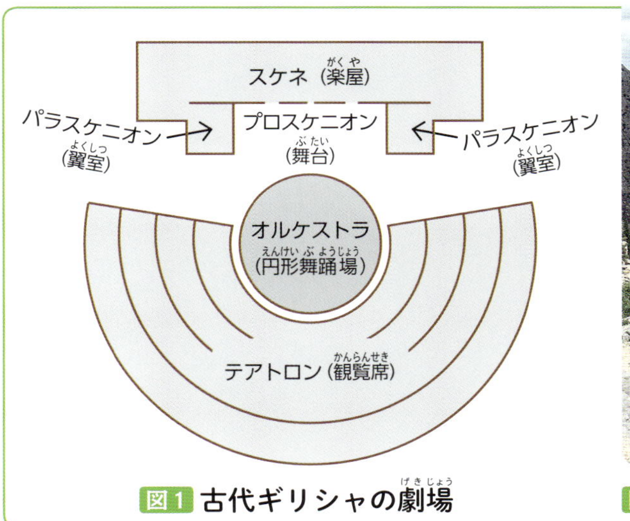

図1 古代ギリシャの劇場

図2 デルフォイの古代劇場跡

★1　ホメロス

古代ギリシャの詩人。二大叙事詩『イリアス』『オデュッセイア』の作者で、紀元前8世紀ごろに諸国をめぐり歩いた吟遊詩人だと考えられています。

総合芸術としての音楽

古代ギリシャの音楽は、紀元前８世紀ごろの吟遊詩人ホメロス★1が書いた英雄叙事詩『イリアス』や『オデュッセイア』にさかのぼります。これらの叙事詩は、語り手がキタラという竪琴を弾きながら物語を歌って伝えました。その様子をえがいた壺やカップなどが遺跡から見つかっています。

また、紀元前８世紀から４年ごとに開かれた古代オリンピックでは、競技の勝利者をたたえる詩が音楽や舞踊をともなって歌い演じられました。

古代ギリシャでは、音楽は単独で演奏されたのではなく、詩や舞踊、演劇などと一体となって奏でられた総合芸術でした。

キタラとアウロス

古代ギリシャを代表する楽器はキタラという竪琴とアウロスという縦笛で、さまざまな行事で使われました。キタラ図4は古代メソポタミアのリラ（16・17ﾍﾟｰｼﾞ）と同じ系統の弦楽器で、古代ギリシャでは詩人や音楽家が演奏しました。

アウロス図5は古代エジプトで使われた双管オーボエ（18・19ﾍﾟｰｼﾞ）と同じタイプで、管は根元から２本に分かれており、左右の手でそれぞれ操作しました。

劇音楽の発達

紀元前５世紀になると、文芸の中心はアテナイ（アテネ）に移り、悲劇や喜劇がた

図3 古代ギリシャの都市

図4 カップにえがかれたキタラを弾くミューズ

図5 アウロスを吹くサテュロス。サテュロスとは、ギリシャ神話に登場する半人半獣の山野の精霊のこと

くさん上演されました。これは演劇と音楽と舞踊が一体となったもので、コンクール形式でさかんに競演されました。その舞台ではコロス（合唱隊）が、劇の背景や内容などを観客に伝え、登場人物の思いを歌や踊りで表現しました。

当時はマイクなどがなかったので、劇場は、俳優やコロスの声が遠くはなれた観覧席にも届くように、音響効果を計算してつくられていました。

神託と音楽

古代ギリシャでは、神託のときに音楽が奏でられました。神がのりうつった状態になった巫女が神のお告げを人びとに伝える神託は、国の政策や人びとの生活を決定づける重要な儀式でした。

デルフォイは、アポロン★2の神託が行われた場所として有名で、神殿のまわりには宝物庫がありました。そのなかの「アテナイ人の宝物庫」には、奉納演奏された2つのアポロン讃歌が大理石の壁に刻まれていました 図6。この讃歌の歌詞には記号がつけられていて、それを解読すると讃歌の旋律を再現することができました。

図6 アテナイ人の宝物庫の壁に刻まれたアポロン讃歌

文字で書かれた楽譜

古代ギリシャでは、デルフォイのアポロン讃歌のように、文字につけた記号で音楽を書きあらわしていました。なかでもエーゲ海に面したトルコの古代都市エフェソス近郊から発掘された「セイキロスの墓碑銘」には、石柱に刻まれた歌詞と旋律が完全なかたちで残っていました。紀元前2世紀～紀元後1世紀のものです。

それを解読した結果、セイキロスという

★2　アポロン

アポロンはギリシャ神話の神で、最高神ゼウスとレトとの子ども。双子の妹がアルテミス。

石柱には古代ギリシア語で歌詞が刻まれており、歌詞の上には音の高さをあらわす文字や、リズムをあらわすしるしがつけられていました。

音の高さをあらわす文字　リズムをあらわすしるし

* C Z Z KIZI K I Z IK O C OΦ

Ὅ σον ζῇς, φαί νου, μη δὲν ὅλ ως σὺ λυ ποῦ·　歌詞

C K Z I KIKC OΦ C K O I Z K C C CXI

πρὸς ὀλ ί γον ἐ στὶ τὸ ζῆν, τὸ τέ λος ὁ χρόνος ἀπαι τεῖ.

旋律を現代の五線譜であらわすと下のようになります。

歌詞の内容は「生きている間は輝いていてください／思い悩んだりはけっしてしないでください／人生はほんの束の間ですから／そして時間はうばっていくものですから」というものです。

図7 「セイキロスの墓碑銘」の復元した楽譜と歌詞の内容

人物が妻エウテルペに捧げたもので、旋律は神秘的な美しさにあふれ、味わい深い歌詞だということがわかりました図7。

学者や哲学者たちの音楽論

古代ギリシャでは、多くの学者や哲学者が音楽についてさまざまに論じました。その代表的な人物が紀元前６世紀ごろに活躍した哲学者で数学者のピタゴラスです。「ピタゴラスの定理」★3で知られる彼は、「万物の根源は数である」と考え、ドとソが２対３、ドと１オクターブ上のドが１対２などのように、音の高さの比（弦の長さ、あるいは振動数）が整数比の関係にあると、その２つの音は協和する響きであることを発見しました。

ピタゴラスがおもりをつけた弦を鳴らしたりして音程について調べている様子が、15世紀の書物にえがかれています図8。ピタゴラスはこの協和する音を積み重ねて

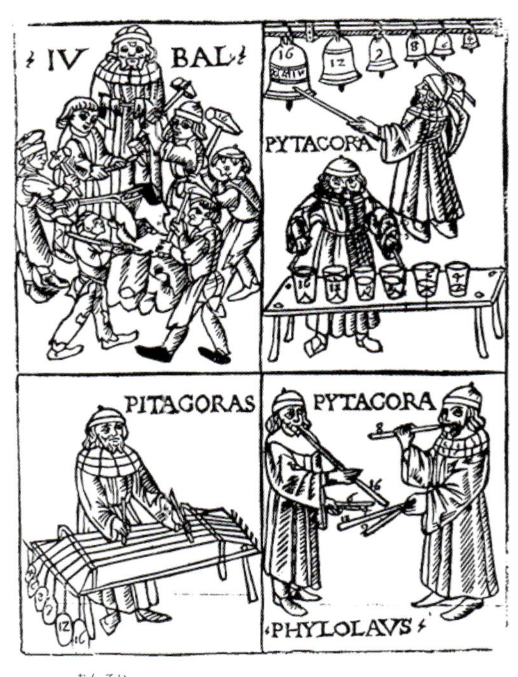

図8 音程を研究するピタゴラス

★3

ピタゴラスの定理

「ピタゴラスの定理」は「三平方の定理」ともよばれます。直角三角形の３辺の長さについて「$a^2+b^2=c^2$」の式であらわされます。

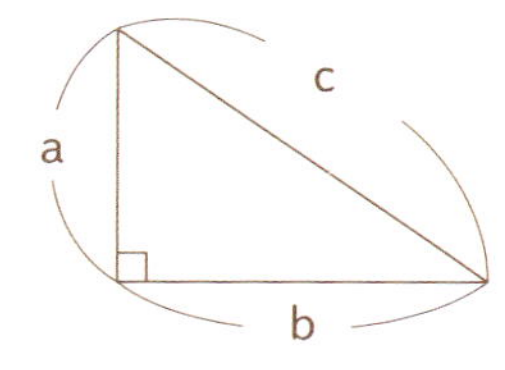

いくことで音階をつくりました。これが「ピタゴラス音律」（➡くわしくは 4巻 ）とよばれるもので、古代中国で竹の管を使って音律を決めた「三分損益法」（13ページ）とまったく同じ考え方でした。

哲学者のプラトン（紀元前427〜前347年）はピタゴラスの思想を受けつぎ、「魂の調和」という意味を加えて、音楽と人間の魂との結びつきを教育や社会の問題にまで広げて論じました。

プラトンの弟子である哲学者のアリストテレス（紀元前384〜前322年）は、音楽には「遊びや休息に役立つもの」、「よい行いを心がける人間になるよう教育する手段」、「上品な楽しみや知的関心を満たすもの」という３つの役割があると説きました。なかでも３番目は「芸術としての音楽」という音楽観に通じるものでした。

古代ギリシャの音階と音楽理論

古代ギリシャでは、図9 のように、音階を上から下へ進む形であらわし、古代ギリシャの各民族の名前をつけた７つの音階に区分しました。

各音階は特定の感情をあらわすものと考えられ、プラトンは、フリュギア音階を「勇気と節制と美徳を鼓舞するもの」、アリストテレスはフリュギア音階を「非常に興奮させやすく、感情的ではげしい熱狂を表現するもの」と考えました。各音階がどのような感情をあらわしているかは、人によって受けとめ方がさまざまでした。

古代ギリシャの音階や音楽理論は、中世のキリスト教音楽やアラビア音楽に大きな影響を与えました。特に音階名はグレゴリオ聖歌の音階名（39ページ）にも使われましたが、その内容はまったく異なっていました。

古代ギリシャの音楽理論や音楽思想は、芸術というよりはむしろ学問に近く、音楽の実際の響きは、中世以降の西洋音楽とはまったく異なったものでした。しかし、古代ギリシャ音楽はルネサンス★4時代の15世紀に入ると、西洋音楽の理想として語られるようになります。

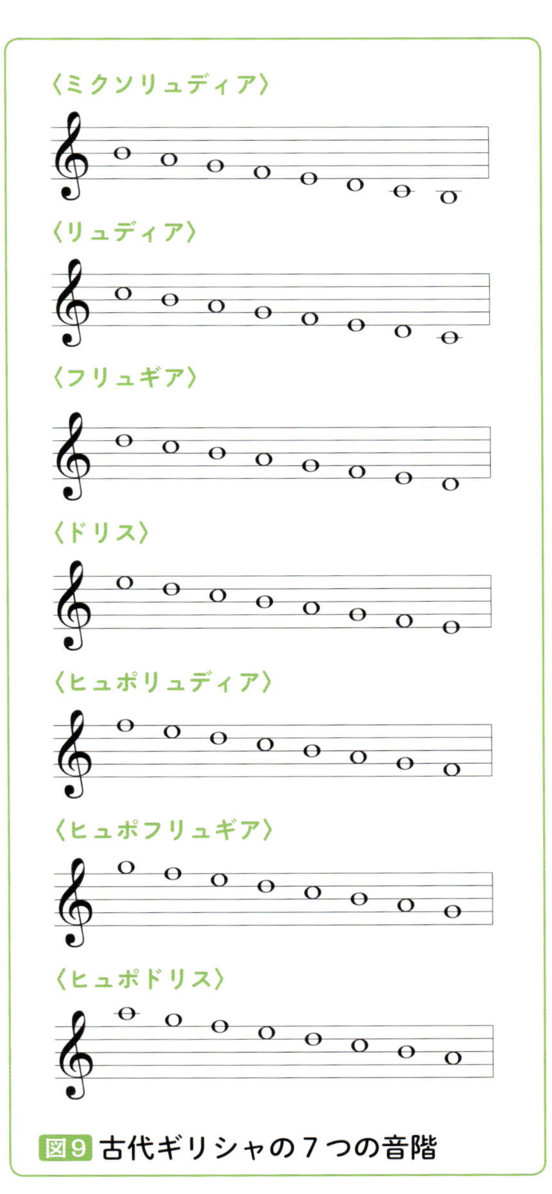

図9 古代ギリシャの７つの音階

★4 ルネサンス

14〜16世紀にかけてイタリアに始まりヨーロッパに広がった、新しい芸術や思想を模索する動きを「ルネサンス（文芸復興）」といいます。古代ギリシャやローマの文化を手がかりに、人間の生き生きとした姿が文学や美術で表現されました。ルネサンス時代の音楽➡ 2巻

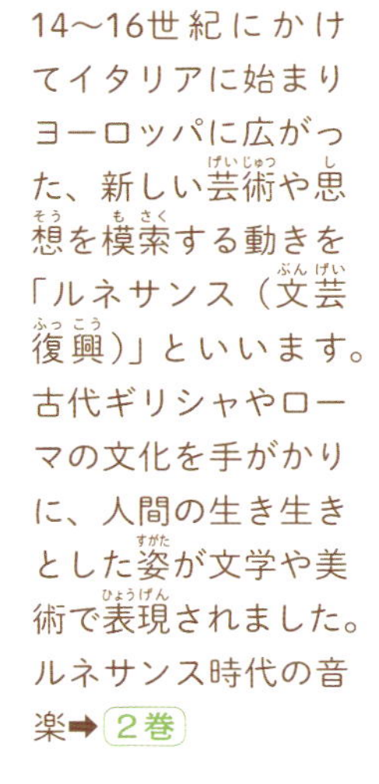

西洋	世紀	日本
	B.C.	旧石器 縄文
古代	A.D. 1	弥生
	2	
	3	
	4	
	5	古墳
	6	
	7	飛鳥
	8	奈良
	9	
	10	平安
	11	
中世	12	
	13	鎌倉
	14	南北朝
ルネサンス	15	室町 戦国
	16	安土桃山
バロック	17	
古典派の音楽	18	江戸
ロマン派の音楽	19	明治
現代の音楽	20	大正 昭和
	21	平成

このころの音楽は?

奈良時代の音楽

日本と東アジアの音楽交流

古墳時代の５世紀中ごろから、朝鮮や中国などアジア各地の音楽が日本に伝来するようになります。奈良時代に入ると、中国をモデルに音楽の制度が整備され、東アジアとの音楽交流がさらに豊かに広がりました。

古代朝鮮からの音楽伝来

日本に外国の音楽が伝来した最古の記録は、453年の允恭天皇の葬儀のときに、朝鮮の新羅という国から、船80艘に積んだ貢物とともに楽人（音楽家）80人がやって来て参列したという『日本書紀』（11ページ）の記述です。さらに、その約100年後の554年には、朝鮮の百済という国から、楽人４人が前任者と交代するために来日したことが『日本書紀』に書かれています。

飛鳥時代の612年には、百済の楽人である味摩之が、「伎楽」という仮面をつけて音楽に合わせ演じる舞踊劇を日本に伝えました。「伎楽」は仮面や腰鼓という鼓の一種を使うことから、もともとは中国の西域（中央アジア）、あるいはインドや南アジアに由来する舞踊劇です。味摩之は日本に帰化し、現在の奈良県桜井に住んで日本の子どもたちに伎楽の舞踊や音楽を教えました。

683年には飛鳥の宮廷で、朝鮮の高句麗、百済、新羅の楽人が舞楽を演奏したと記録されています。朝鮮半島の３つの国からそれぞれ伝わった舞楽を総称して、「三国楽（三韓楽）」とよびました。

中国東北部にあった渤海という国からは「渤海楽」という舞楽が伝えられました。

朝鮮系の舞楽はのちに「高麗楽」に整理・統合されました（35ページ 図5）。

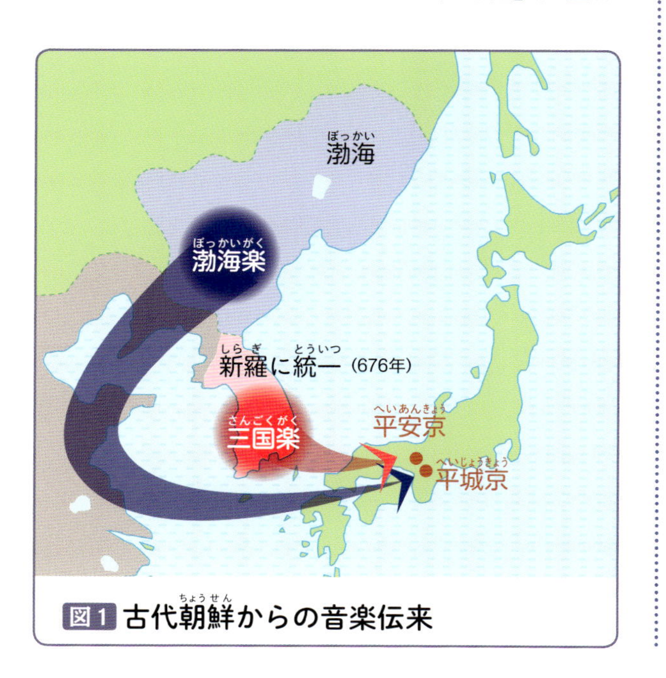

図1 古代朝鮮からの音楽伝来

古代中国からの音楽伝来

中国からも音楽が伝来しました。『続日本紀』★1という歴史書には、702年に唐楽

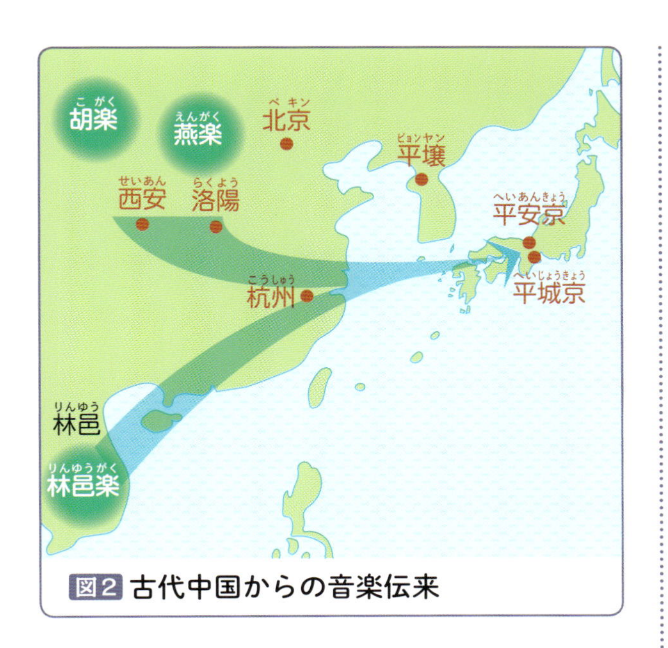

図2 古代中国からの音楽伝来

の「五帝太平楽」を演奏したとの記録があります。このことから、おそらく7世紀の終わりごろまでには中国の舞楽も伝来していたと考えられます。

当時の中国は唐（618～907年）の時代で、礼楽思想（15ページ）にもとづき発展した「雅楽」という、祭祀用の音楽がありました。また、古くからの民間の音楽が、雅楽のかたちを備えて、宮廷の宴会で演奏されたりもしました。宮廷宴会用の音楽を「燕楽」といいます。

日本に「雅楽」として伝わったのは、この燕楽でした。本来の雅楽はほとんど伝わらなかったようです。それは日本には独自の祭祀用の音楽があったからだと考えられています。

当時の唐は、西域（中央アジア）やインドなど周辺諸国の音楽や舞踊を積極的に取り入れていました。こうした外来の音楽を「胡楽」といいます。胡楽の影響を受けた音楽が日本にも伝わりました。

中国・インド系の舞楽はのちに「唐楽」に整理・統合されます（35ページ 図5）。

このように、大陸からの音楽の伝来は、最初に朝鮮との交流から始まり、ついで中国との交流へと広がりました。630年に最初の遣唐使が派遣されると、その後はだんだん中国との交流に重点が移り、奈良時代には唐の音楽が積極的に取り入れられるようになりました。

東大寺大仏開眼供養会で奏でられた音楽

752年に行われた東大寺の大仏開眼供養会★2では、中国や朝鮮をはじめ諸外国のめずらしい音楽や舞踊が披露されました。その様子は『続日本紀』などにくわしく記録されています。

当日は夕方まで、日本、中国、朝鮮の楽人・舞人らによって舞楽が披露されました。日本古来の歌舞、中国から伝来した舞楽、朝鮮から伝来した舞楽、伎楽のほかに、林邑楽、度羅楽などが演じられました。

図3 東大寺大仏開眼1250年慶讃大法要（2002年10月15日）

写真提供：東大寺

★1 **続日本紀**

平安時代の桓武天皇の命令によってつくられた歴史書。

★2 **大仏開眼供養会**

新しくつくった仏像に眼を加えることによって魂を迎え入れる儀式。752年4月9日、東大寺の大仏像の完成を記念して大々的な法要（仏教の儀式）が行われました。

★3 正倉院

756年ごろに建設された東大寺にある宝庫で、木材を組み上げる校倉造でつくられました。東大寺を建てた聖武天皇の身のまわりの物や、東大寺の宝物・文書など貴重な品々が納められています。

★4 蝦夷

朝廷は、服従しようとしない東北地方の人びとを「蝦夷」とよび、武力で従わせようとしました。蝦夷を征服するために設けられた軍の総司令官が「征夷大将軍」です。

「林邑楽」はインドを起源とする舞楽で、ベトナムから伝来しました。「度羅楽」は日本に伝来した舞楽として記録はありますが、どのような内容だったのかは不明で、平安時代以降、途絶えています。

この大仏開眼供養会で使用された伎楽の仮面や楽人の衣装は正倉院★3に納められていて、それらがどの舞楽で使われたかという記録が残されています。

752年という段階で、すでに日本にはアジア各地からさまざまな音楽が伝来しており、大仏開眼供養会という国家的イベントで演奏されました。

これらの舞楽は儀式のための音楽でした。現在のように個人の趣味や娯楽のためではなく、文化的に後進国だった当時の日本が、国家の威信を内外に示すためのものでした。

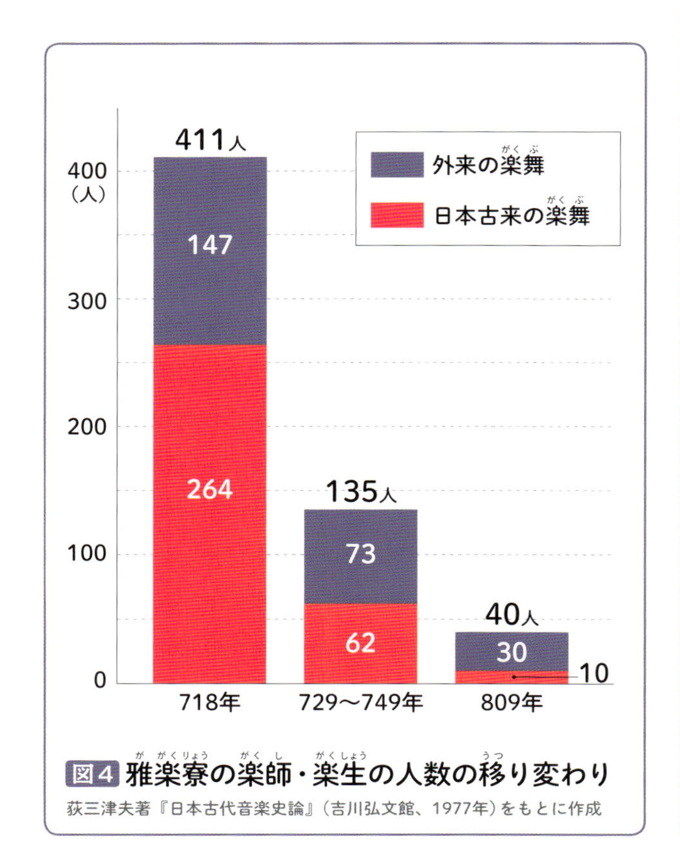

図4 雅楽寮の楽師・楽生の人数の移り変わり

荻三津夫著『日本古代音楽史論』（吉川弘文館、1977年）をもとに作成

制度化される音楽

奈良時代、外国から伝来した音楽と日本古来の音楽を整理して、国の制度として教習・伝承と音楽家の養成が行われるようになります。そのために設置されたのが「雅楽寮」です。701年に制定された大宝律令によって、朝廷の音楽をつかさどる役所とされました。雅楽寮は日本で最初の国立音楽学校といえます。

雅楽寮の内容と人員を見ると、当時の外来音楽と日本古来の音楽の位置づけがわかります。図4は、雅楽寮の楽師（教師）と楽生（生徒）の人数が発足時からどのように変化したのかをあらわしたものです。発足当初411人だった人員は、天平年間（729〜749年）には135人に縮小されました。これは日本古来の歌舞を教習する役所が別につくられたこととも関係します。

さらに809年には40人と大幅に少なくなりました。これは794年に都を平安京（現在の京都市）に移すために巨大な費用がかかったり、天災による農作物の被害が大きかったり、朝廷に従わない東北地方の蝦夷★4を武力で従わせようとして軍事費がかさんだりなどして財政が行きづまり、役所の人員を削減したからでした。

当時の音楽を伝える正倉院の楽器

日本に伝来した外国の音楽は、伝承が途絶えたものが多く、現代まで具体的な様子が伝わっていません。しかし奈良の正倉院には伝来した当時の楽器が保存されており、

図6 螺鈿槽箜篌（正倉院模造）

東京国立博物館所蔵 Image: TNM Image Archives

図5 螺鈿紫檀五弦琵琶（正倉院模造、部分正面）

東京国立博物館所蔵 Image: TNM Image Archives

どのような音楽だったのかを推測することができます。

正倉院の宝物のなかには、現存するものとしては世界で唯一の螺鈿紫檀五弦琵琶があり、らくだに乗った胡楽の楽人が四弦の琵琶を弾いている姿がえがかれています 図5。

ほかにも、一部だけ残った状態ですが、百済楽で使われた箜篌という楽器が納められています 図6。箜篌は古代オリエントを起源とする縦形ハープで、百済楽の伝来とともに日本に伝わりました。

このように、正倉院にはシルクロード★5を経て日本に伝来した琵琶や琴、箜篌、笛など、当時の貴重な楽器がたくさん収蔵されていて、当時の音楽をうかがい知ること

★5　シルクロード

古代中国とヨーロッパを結んだ、中央アジアを横断する東西交通路のことを「シルクロード（絹の道）」といいます。物や文化、民族が行き交いました。

ができます。

いっぽう、記録が残るだけで現代まで伝わっておらず、様子がほとんどわからなくなってしまった音楽もたくさんあります。そのひとつが「踏歌」です 図7。

大ぜいの人が足で地を踏み鳴らして歌い舞うもので、平安時代には正月の年中行事でした。正月14日（または15日）に男踏歌が、16日に女踏歌が行われました。

紫式部の『源氏物語』には、踏歌の様子がくわしく書かれていますが、平安時代の終わりごろにはすたれてしまいました。

輸入から国風化の時代へ

日本は、奈良時代まで、古来の音楽に加えて、アジア各地の音楽を大量に輸入してきました。そして、国の制度として音楽教習と音楽家養成を行う雅楽寮もつくられました。

それが、平安時代になると、「楽制改革」（34・35ページ）によって、外来の音楽と日本古来の音楽が大幅に整理・統合され、日本独自の音楽が形づくられるようになり国風化されていきます。

図7 女踏歌の様子（「年中行事絵巻」模写より）

平安時代の音楽

源氏物語がえがいた音楽の世界

平安時代中ごろになると、「楽制改革」によって日本独自の音楽がつくり上げられていきました。この時期に書かれた『源氏物語』には音楽の場面がたくさん登場します。貴族たちは喜びや悲しみを音楽で表現しました。

平安時代の社会と音楽

平安時代の貴族社会では、音楽が大きな役割をはたしていました。この時代になると、「楽制改革」によって、外国から伝来した音楽と日本古来の音楽とが整理・統合され、朝廷の公式音楽である雅楽は、日本独自の音楽として発展していくようになります。いっぽう、貴族のあいだでは、個人の楽しみとしての音楽がさかんになっていきます。

図1 『絵入り竹取物語』写本より「求婚者五人、音楽を遊ぶ」の場面

資料提供：フェリス女学院大学附属図書館

平安時代の初期（9～10世紀）に書かれたとされる最古の物語に、『竹取物語』があります。この物語には、かぐや姫をぜひとも妻にしたい５人の貴公子たちが、かぐや姫の気をひこうとして音楽を演奏している場面がえがかれています 図1。５人がそれぞれ得意の楽器を演奏して求婚のアピールをしているのは、音楽が和歌とともに貴族の教養をあらわすものと考えられていたからです。

『源氏物語』と音楽

『源氏物語』は、およそ1000年前（平安時代中ごろの11世紀初め）に紫式部によって書かれた長編物語で、宮廷生活を中心に、当時の人びとの様子を私たちに伝えてくれます。主人公・光源氏と女性たちとの華や

西洋	世紀	日本
古代	B.C.	旧石器 縄文
	A.D. 1	弥生
	2	
	3	
	4	古墳
	5	
	6	
	7	飛鳥
	8	奈良
	9	平安
	10	
中世	11	
	12	
	13	鎌倉
	14	南北朝
	15	室町 戦国
ルネサンス	16	安土桃山
バロック	17	江戸
古典派の音楽	18	
ロマン派の音楽	19	明治
現代の音楽	20	大正 昭和
	21	平成

このころの音楽は？

かな交流だけでなく、光源氏の子どもや孫たちの複雑な人間関係がえがかれた大作です。

国文学者の研究によると、『源氏物語』には音楽についての描写が全部で511か所もあるそうです。音楽の描写がこれほど多い文学作品は、『源氏物語』のほかには、『宇津保物語』くらいしかありません。

『源氏物語』より少し前の10世紀後半に書かれたとされる『宇津保物語』は、清原俊蔭が天人・仙人から授けられた琴の名器と秘曲を、俊蔭の一族が伝承していく物語です。俊蔭やその娘・孫が秘伝の琴を弾くと、神秘的な音楽が鳴り響き、不思議な現象が起きたことがえがかれています。

これに対して『源氏物語』は、貴族の日常生活のなかでの音楽をえがき、人間としての喜びや悲しみを音楽によって表現している様子がくわしく書かれています。このような描写はそれまでの文学作品にはなかったものでした。

「人と人とを結ぶ」音楽

『源氏物語』では琴や箏、和琴、琵琶、横笛（竜笛★1）などの楽器とその奏でる音楽が、重要な役割をはたします。「末摘花」の巻では、光源氏が荒れた屋敷から流れてくる琴の音にひかれて、それを弾く姫君を好きになります。「明石」の巻では、都に戻ることを許された光源氏が、明石の君と別れをおしむ場面で愛用の琴を弾き、明石の君も箏をみごとに弾きます。光源氏はその気品ある響きに深く感動し、明石の君への愛の証として自分の琴を贈ります。

★1 竜笛
雅楽の代表的な横笛。竹製で長さは約40cm、7つの穴があります。

「源氏物語」には音楽のシーンがたくさんあるんだね

図2 琵琶を弾く匂宮と宇治の中君（国宝『源氏物語絵巻』「宿木 三 絵」、部分）

徳川美術館所蔵　©徳川美術館イメージアーカイブ/DNPartcom

「若菜」の巻では、女君たちが琴や箏、和琴、琵琶などを合奏している場面がえがかれ、光源氏が各楽器の特徴や演奏についての心得をくわしく語る場面があります。さらに「宿木」の巻では、光源氏の孫の匂宮が思いを寄せる宇治の中君を相手に琵琶を弾きます。この場面は国宝の『源氏物語絵巻』にえがかれています図2。

『源氏物語』で管楽器を演奏するのは男性だけですが、なかでも竜笛は男性貴族の友情や親子関係を象徴的にえがく重要な楽器として登場します。

このように『源氏物語』では、楽器とその音楽が「人と人とを結ぶ」ことをえがいているのです。

箏の名手だった紫式部

『源氏物語』で楽器や音楽についてくわし

	琴	和琴	箏
弦の数	七弦	六弦	十三弦
琴柱	なし	あり	あり
胴の長さ	約130cm	約190cm	約180cm

図3 琴・和琴・箏の比較

く書かれているのは、紫式部が箏の名手で、音楽についての専門的な知識をもっていたからです。同僚の女房★2から教えてもらいたいと頼まれるほどの腕前でした。『源氏物語』には、実際に演奏した経験がなければ書くことができない描写がたくさんあります。

『源氏物語』に登場する琴・和琴・箏という3つの弦楽器（コト）を比べてみましょう 図3。

琴は中国古来の弦楽器で、奈良時代初期に大陸から伝来した格式の高い楽器とされ、箏や和琴などと区別して「琴」あるいは「琴のコト」とよびました。演奏するのが難しく、音量が小さいため、紫式部が『源氏物語』を書いたころにはすたれてしまい、箏が広く演奏されていました。

和琴は日本固有の楽器で、胴の長さは約190cmですが、古代の和琴は、埴輪が弾いていたもののように、はるかに小型でした（9・10ページ）。

箏は奈良時代に中国から雅楽の演奏用に伝来した楽器で、「箏のコト」とよばれました。これは「コト」という言葉が当時は弦楽器全体をあらわすものとして使われていたからです。

琵琶は奈良時代に唐から伝来したもので、雅楽などの合奏で用いられただけでなく、独奏楽器としても愛好されました。

紫式部の音楽についての考え方

紫式部は『源氏物語』の登場人物を通して、音楽についての考え方をさまざまに語らせています。なかでも印象深いのは、「手習」の巻での浮舟の回想です。川に身投げして

★2 女房
宮廷に仕える高い位の女官や、貴族の家に仕える女性のこと。

図4 宮内庁楽部による「管絃」の演奏　写真提供：宮内庁式部職楽部

助けられ尼寺にかくまわれていた浮舟は、年老いた尼たちが音楽を演奏する様子を見て、「私は音楽を習い覚えるゆとりもなく、風雅なことを身につけることもなく育ってきてしまった」と残念に思う場面があります。これは、紫式部が音楽を「人生の価値あるもの」として考えていることをうかがわせます。

さらに「若菜」の巻の女君たちの合奏の場面で、紫式部は「合わせる」ことに音楽の本質があると光源氏に語らせています。

こうした紫式部の音楽観は、現代にも通じるものがあります。

平安の楽制改革

紫式部が『源氏物語』を書いていたころは、中国の影響を受けて形づくられてきた文化が日本独自の文化（国風文化）となっていく時期にあたります。894年に遣唐使が廃止されたことで、唐の文化の影響が弱まったためです。この時期には、紫式部や清少納言など多くの女性作家が活躍し、優雅な貴族文化がさかえました。

なかでも「楽制改革」は、大陸から伝来した舞楽や楽器、音楽理論を整理・統合して日本独自の制度をつくり上げる改革で、５つの柱からなっていました 図5。

このときに一定のルールが決められた日本の雅楽は、その後ほとんど変わることなく今日まで受けつがれています。このように、平安時代は音楽制度と音楽の内容が日本独自のものに整備された時代でした。

❶ 楽器と編成の整理・統合

取り扱いが不便で演奏するのが難しく、日本人の感覚や趣味に合わない響きの楽器を廃止

14種類の楽器に整理　＊印は「管絃」で使用される楽器（➡図４を見て）

◉吹きもの（管楽器）：5種類　篳篥＊　神楽笛　竜笛＊　高麗笛　笙＊
◉弾きもの（絃楽器）：3種類　琵琶＊　箏＊　和琴
◉打ちもの（打楽器）：6種類　鞨鼓＊　三ノ鼓　鉦鼓＊　釣太鼓＊　大太鼓　笏拍子

❷ 調子や音階の整理・統合

朝鮮・中国・インドなどの地域固有の調子や音階があり、それぞれバラバラだった状態を整理

２つの音階と６つの調子に整理

◉呂音階：壱越調　双調　太食調
◉律音階：平調　黄鐘調　盤渉調

西洋音楽でいうと、呂音階は長調、律音階は短調に近い響きなんだよ

❸ 外来の舞楽の整理・統合

外国から伝来した舞楽を、日本人の感覚や趣味に合うように、２つに整理

中国系：燕楽　胡楽　林邑楽
↓国風化
左方《唐楽》

◉楽人の服装の色：赤・紅色系統
◉管楽器：竜笛　篳篥　笙
◉絃楽器：箏　琵琶
◉打楽器：大太鼓　鞨鼓　鉦鼓

朝鮮系：三国楽　渤海楽
↓国風化
右方《高麗楽》

◉楽人の服装の色：緑・黄色系統
◉管楽器：高麗笛　篳篥
◉絃楽器：原則として使わない
◉打楽器：大太鼓　三ノ鼓　鉦鼓

❹ 日本人の創作活動の推進

外国から音楽を輸入していた時代が終わり、日本人の本格的な作曲家や演奏家が登場

本格的な作曲家・演奏家の登場

◉貞保親王（870〜924年）：清和天皇の第６皇子。管絃の名手で、天皇の命令で横笛や琵琶を伝授したといわれる
◉源博雅（918〜980年）：醍醐天皇の孫。笛・篳篥・琵琶・箏などの名手
◉大戸清上（？〜839年）：雅楽寮に仕えた笛の名手。作曲にもすぐれ、楽制改革に力をつくした

❺「管絃」の成立と「御遊」の定例化

音楽が貴族の身につけるべき教養とされ、貴族たちが「御遊」を開くようになる

音楽が貴族たちの娯楽になった

◉「管絃」の成立：雅楽から舞のない管・絃・打楽器による合奏のスタイルが成立する
◉「御遊」の定例化：宮中や貴族の屋敷で天皇や貴族たちが音楽の遊び（演奏会）を定期的に開くようになり、それが「御遊」とよばれるようになる

図５　平安の「楽制改革」

西洋	世紀	日本
	B.C.	旧石器 縄文
古代	A.D. 1	弥生
	2	
	3	
	4	
	5	古墳
中世	6	
	7	飛鳥
	8	奈良
	9	平安
	10	
	11	
	12	鎌倉
	13	
	14	南北朝
ルネサンス	15	室町 戦国
	16	安土桃山
バロック	17	
古典派の音楽	18	江戸
ロマン派の音楽	19	明治
現代の音楽	20	大正 昭和
	21	平成

このころの音楽は?

儀礼と音楽

宗教音楽がもたらしたもの

音楽は古代から祭祀や儀礼と結びついていました。仏教やキリスト教などの宗教が生まれると、それらの儀式でも使われるようになります。宗教音楽は楽譜や音楽理論を発展させ、後世の芸能にも影響を与えました。

仏教音楽としての声明

仏教の儀式で用いられる音楽に「声明」があります。声明とは、お経に旋律をつけて僧侶が唱える声楽曲で、おもには仏の教えをたたえる歌です。現在でも「法会」などの儀式で演奏されます。

6世紀半ばに仏教が日本に伝わったときに声明も伝えられたとされ、752年の東大寺大仏開眼供養会（27ページ）で声明が披露されたことが記録にあります。

遣唐使とともに804年に唐にわたった2人の僧侶、空海(774～835年)と最澄(767～822年）が帰国して、それぞれ真言宗と天台宗という新しい仏教をひらきました。真言宗と天台宗のそれぞれで声明も独自に発展し、「真言声明」「天台声明」として今日まで受けつがれています。

図1 天台声明を唱えている様子　写真提供：延暦寺

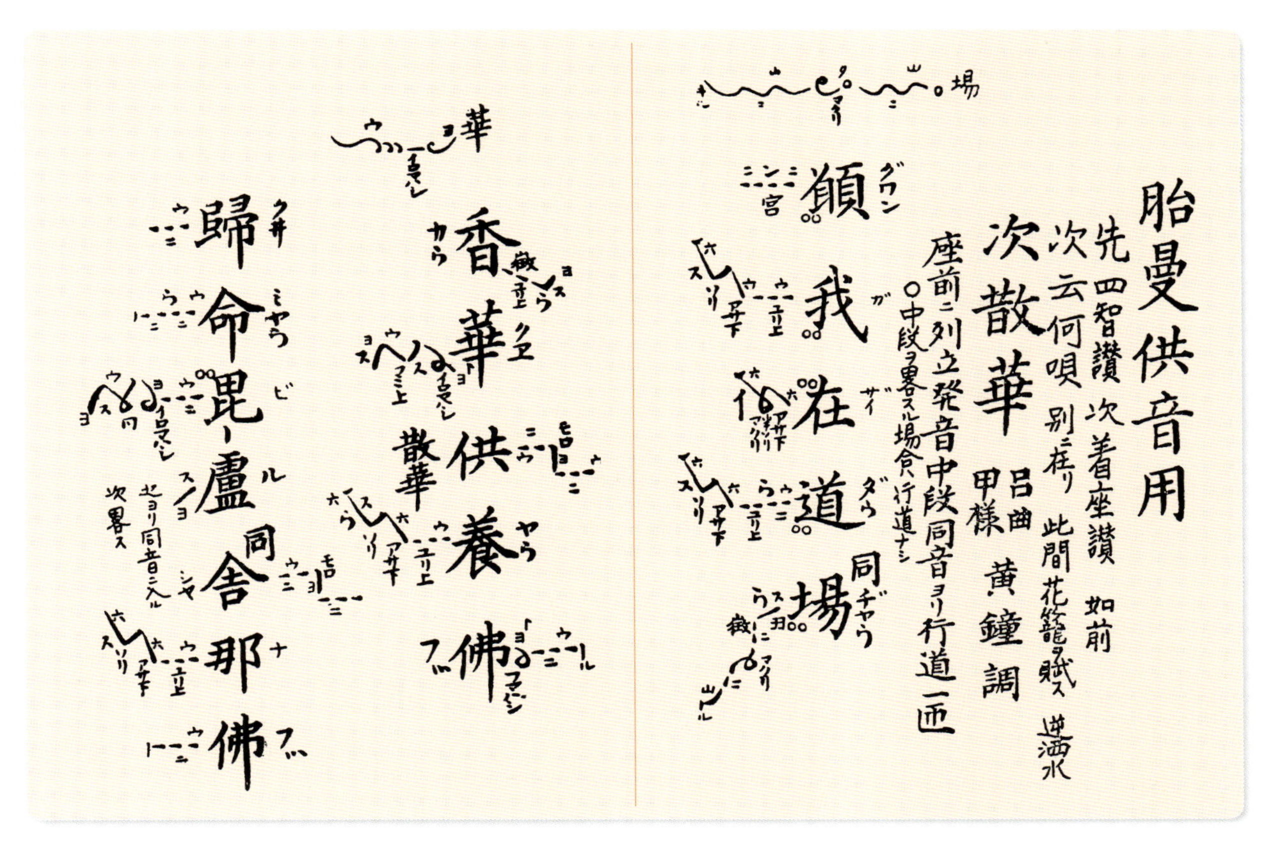

図2 声明の楽譜「博士」（天台声明） 資料提供：延暦寺

声明のルーツと日本化

声明はもともと、古代インドの五明という学問のひとつでした。それが仏教とともにインドから中国に伝わり、中国の三国時代（220〜280年）には現在のような形式ができあがったとされます。日本には中国から伝わりました。

そのため、日本に伝えられたころは、①インドの梵語（サンスクリット語）のお経をもとに、その音を漢字であらわした声明や、中国で翻訳されて漢語で書かれた声明、②中国でつくられ漢語で書かれた声明、が唱えられていました。

平安時代の終わりごろになると、仏教は、貴族や官僚だけではなく、一般の人びとにも広まっていきます。それとともに、わかりやすい日本語で書かれた声明や、漢語を日本語読みする声明がつくられるようになりました。

外来の声明と日本製の声明が現在にいたるまで受けつがれています。

声明の楽譜

声明の大きな特徴のひとつに、「博士」という楽譜があります図2。お経の文字に記号がついたもので、音の高低を棒のような記号であらわす「五音博士」と、旋律の動きを視覚的にあらわす「目安博士」という２種類があります。

記号をつけるところは、キリスト教のグレゴリオ聖歌の楽譜である「ネウマ」（38ページ）とよく似ています。

声明の楽譜とグレゴリオ聖歌の楽譜は似てるんだよ。日本とヨーロッパは遠くはなれているのに不思議だね

★1　キリスト教

紀元前27年、皇帝が地中海一帯を支配するローマ帝国が成立します。
その支配下にあったパレスチナにイエスがあらわれ、神の前ではみな平等であり、神を信じる者はだれでも救われると説きました。
初めは迫害されましたが、392年にローマ帝国の国教となりました。

キリスト教と音楽

宗教の儀式で音楽が大きな役割をはたしたのは、キリスト教★1も同じでした。キリスト教のどの宗派でも礼拝で聖歌が歌われ、神をたたえる音楽が演奏されました。

カトリック教会★2の聖歌で、西洋音楽の源泉として今日まで伝わり演奏されているものに、「グレゴリオ聖歌」があります。この聖歌を集大成したといわれる教皇グレゴリウス１世（在位590〜604年）図3にちなんで名づけられています。しかし現在では、グレゴリウス１世がまとめたものではなく、８世紀後半から９世紀にかけて西ヨーロッパ各地の聖歌が統合されたものと考えられています。

グレゴリオ聖歌は中世の時代にさかんに歌われました。しかし、ルネサンス音楽がさかえる15世紀ごろから、単旋律（１つの旋律）で成り立つグレゴリオ聖歌はすたれていきます。かわりに、複数の旋律からなる「多声音楽」が豊かに発展するようになります。

図3 教皇グレゴリウス１世。聖霊を象徴するハトがグレゴリウス１世に霊感を与え、各地の聖歌を書き取らせたという伝説をえがいた11世紀ごろの絵

グレゴリオ聖歌の楽譜

グレゴリオ聖歌は演奏をリードする人が最初に歌い、それを反復して歌うかたちで演奏されました。単旋律で、伴奏の楽器はなく、最初は口伝えで歌いつがれましたが、９世紀ごろから「ネウマ」という楽譜が使われるようになりました。

「ネウマ」とは古代ギリシャ語で「記号」や「合図」を意味する言葉に由来し、歌詞の上に記号がついた楽譜です図4。これは歌詞をどのように朗唱するかをあらわしたもので、やがて音の高低や長さをあらわす線や音符が加わるようになりました図5。

図4 古いネウマ

図5 14〜15世紀ごろの譜線ネウマ。４本の譜線が引かれている

ネウマは、現在私たちが使っている五線譜を生み出すもとになりました。

グレゴリオ聖歌と教会旋法

グレゴリオ聖歌は「教会旋法」とよばれる８つの音階によって旋律が組み立てられています。

８つの旋法の名前は古代ギリシャの音階名（25ページ）に由来しますが、内容はまったく異なり、下から上へと進むかたちであらわされます 図6。旋法ごとに曲の中心となる音（主音）や終わりの音（終止音）、音域などが決まっていて、それぞれ独自の響きを持っています。

グレゴリオ聖歌の歌詞には、ラテン語★3で書かれた聖書の祈りの言葉が使われています。歌詞の内容によって８つの旋法が使い分けられました。

宗教音楽がもたらしたもの

古くからの儀礼の音楽が宗教音楽として発展するなかで、楽譜が生まれ、音楽理論も確立していきました。

それにともなって、宗教儀式以外の世間一般のところで世俗の音楽を生み出し、さまざまな芸能にも影響を与えていきます（➡くわしくは 2巻 ）。

★２　カトリック教会

395年にローマ帝国が東西に分かれたあとも、キリスト教はヨーロッパの人びとの精神的な支えとして発展しました。
しかし1054年、キリスト教は、西ヨーロッパのカトリック教会と、東ヨーロッパのビザンツ帝国（東ローマ帝国）と結びついた正教会に分かれます。

★３　ラテン語

ローマ帝国（紀元前27〜紀元後395年）の共通語だった言語。また中世以来、学術語としても使われています。
現在でもカトリック教会の中心地であるバチカン市国の公用語です。

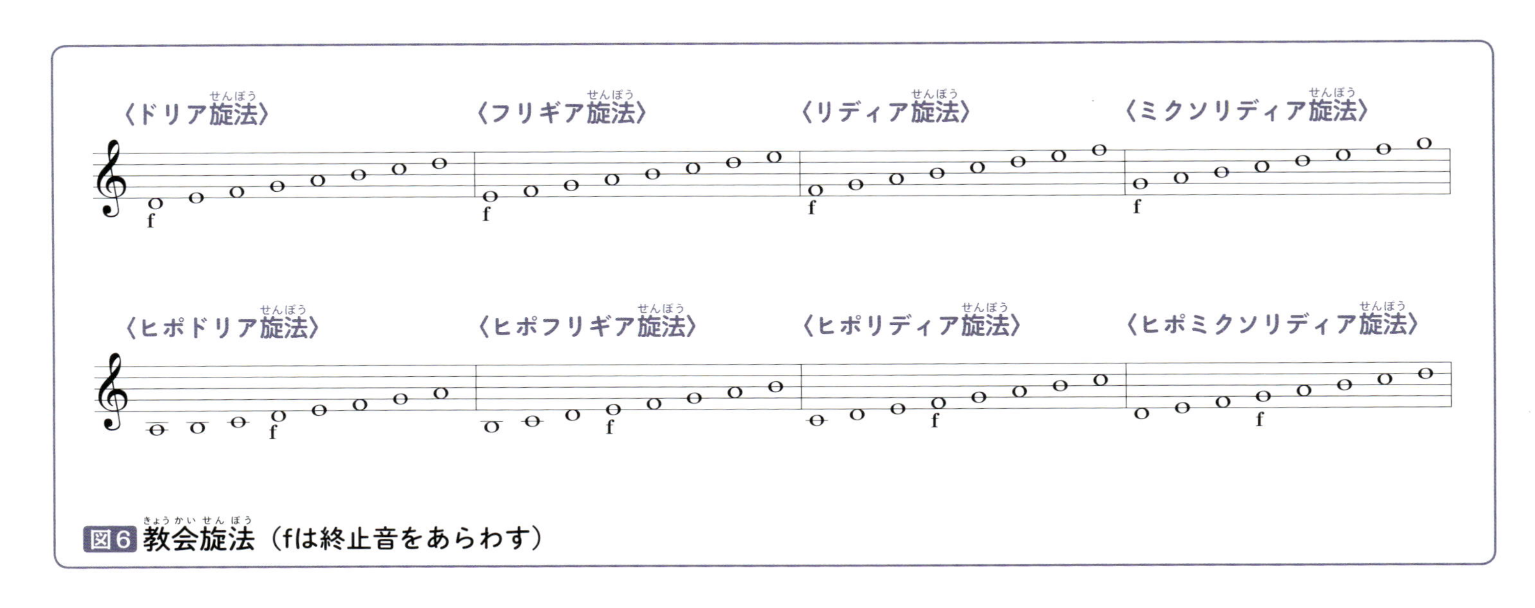

図6 教会旋法（fは終止音をあらわす）

さくいん

参考文献

- スティーヴン・ミズン著／熊谷淳子訳『歌うネアンデルタール――音楽と言語から見るヒトの進化』（早川書房、2006年）
- ジョーゼフ・ジョルダーニア著／森田稔訳『人間はなぜ歌うのか？――人類の進化における「うた」の起源』（アルク出版企画、2017年）
- 山田光洋著『ものが語る歴史シリーズ① 楽器の考古学』（同成社、1998年）
- 笠原潔著『埋もれた楽器――音楽考古学の現場から』（春秋社、2004年）
- 宮崎まゆみ著『埴輪の楽器――楽器史からみた考古資料』（三交社、1993年）
- 春成秀爾著『祭りと呪術の考古学』（塙書房、2011年）
- 荒山千恵著『音の考古学――楽器の源流を探る』（北海道大学出版会、2014年）
- 呉釗・劉東昇著／古新居百合子・南谷郁子訳『中国音楽史』（シンフォニア、1994年）
- 江文也著『上代支那正楽考――孔子の音楽論』（東洋文庫、平凡社、2008年）
- 渡辺信一郎著『中国古代の楽制と国家――日本雅楽の源流』（文理閣、2013年）
- 劉東昇・袁荃猷編著／明木茂夫監修・翻訳『中国音楽史図鑑』（科学出版社東京、2016年）
- スービ・アンワル・ラシード著『メソポタミア』（ハインリヒ・ベッセラー，マックス・シュナイダー監修／ヴェルナー・バッハマン編集『人間と音楽の歴史』 Ⅱ〔古代音楽〕第2巻、音楽之友社、1985年）
- ハンス・ヒックマン著『エジプト』（ハインリヒ・ベッセラー，マックス・シュナイダー監修／ヴェルナー・バッハマン編集『人間と音楽の歴史』 Ⅱ〔古代音楽〕第1巻、音楽之友社、1986年）
- リーサ・マニケ著／松本恵訳『古代エジプトの音楽』（弥呂久、1996年）
- 小板橋又久著『古代オリエントの音楽――ウガリトの音楽文化に関する一考察』（リトン、1998年）
- 小林登志子著『シュメル――人類最古の文明』（中公新書、2005年）
- マックス・ヴェーグナー著『ギリシア』（ハインリヒ・ベッセラー，マックス・シュナイダー監修／ヴェルナー・バッハマン編集『人間と音楽の歴史』 Ⅱ〔古代音楽〕第4巻、音楽之友社、1985年）
- 小方厚著『音律と音階の科学――ドレミ…はどのようにして生まれたか』（ブルーバックス、講談社、2007年）
- キティ・ファーガソン著／柴田裕之訳『ピュタゴラスの音楽』（白水社、2011年）
- 荻三津夫著『日本古代音楽史論』（吉川弘文館、1977年）
- 中川正美著『源氏物語と音楽』（和泉書院、2007年）
- 磯水絵著『『源氏物語』時代の音楽研究――中世の楽書から』（笠間書院、2008年）
- 大山公淳著『仏教音楽と声明』（東方出版、1989年）
- 水嶋良雄著『グレゴリオ聖歌』（音楽之友社、1966年）
- 久保田慶一ほか著『決定版 はじめての音楽史――古代ギリシアの音楽から日本の現代音楽まで』（音楽之友社、2017年）
- ポール・グリフィス著／小野寺粛訳／石田一志日本語版監修『文化のなかの西洋音楽史』（音楽之友社、2017年）
- 吉川英史著『日本音楽の歴史』（創元社、1965年）
- 小島美子監修／日本芸術文化振興会国立劇場調査養成部企画・編集『日本の伝統芸能講座 音楽』（淡交社、2008年）
- 田中健次著『図解 日本音楽史』（東京堂出版、2008年）
- 皆川達夫著『楽譜の歴史』（音楽之友社、1985年）

音楽のあゆみと音の不思議 1
誕生から古代・中世の音楽

NDC762

2018年7月13日　第1刷発行
2021年8月6日　第3刷発行

著　者　小村　公次
発行者　中川　進
発行所　株式会社大月書店
〒113-0033 東京都文京区本郷2-27-16
電話(代表)03-3813-4651　FAX 03-3813-4656
振替00130-7-16387　http://www.otsukishoten.co.jp/

イラスト　今田貴之進
編集協力　斉藤道子・砂野加代子
ブックデザイン　稲垣結子（ヒロ工房）
印刷・製本　精興社

ISBN978-4-272-40971-6　C8373　Printed in Japan

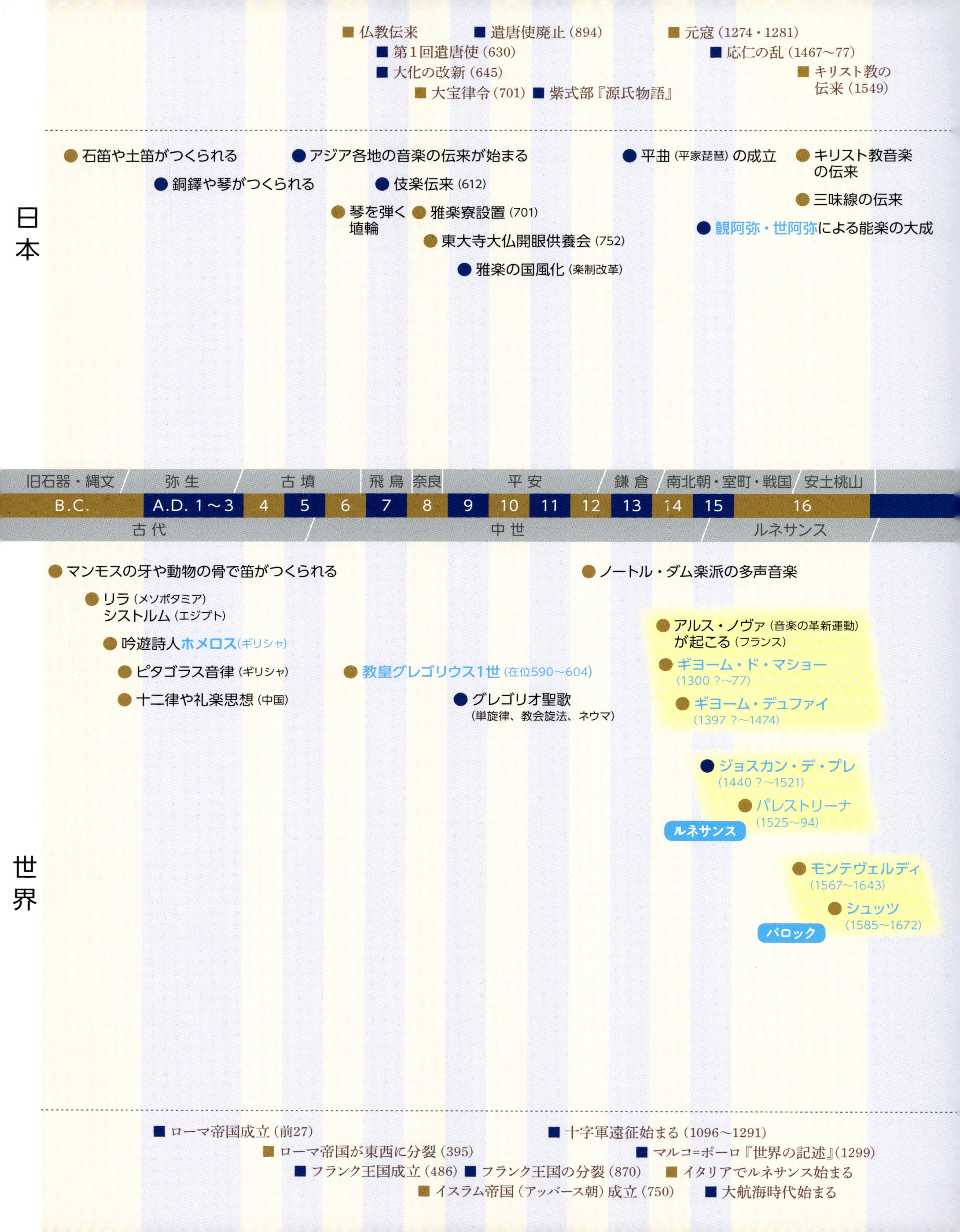
日本
仏教伝来
第1回遣唐使（630）
大化の改新（645）
大宝律令（701）
遣唐使廃止（894）
紫式部『源氏物語』
元寇（1274・1281）
応仁の乱（1467～77）
キリスト教の伝来（1549）
石笛や土笛がつくられる
銅鐸や琴がつくられる
アジア各地の音楽の伝来が始まる
伎楽伝来（612）
琴を弾く埴輪
雅楽寮設置（701）
東大寺大仏開眼供養会（752）
雅楽の国風化（楽制改革）
平曲（平家琵琶）の成立
キリスト教音楽の伝来
三味線の伝来
観阿弥・世阿弥による能楽の大成
旧石器・縄文
弥生
古墳
飛鳥
奈良
平安
鎌倉
南北朝・室町・戦国
安土桃山
B.C.
A.D. 1～3
4
5
6
7
8
9
10
11
12
13
14
15
16
古代
中世
ルネサンス
世界
マンモスの牙や動物の骨で笛がつくられる
リラ（メソポタミア）
シストルム（エジプト）
吟遊詩人ホメロス（ギリシャ）
ピタゴラス音律（ギリシャ）
十二律や礼楽思想（中国）
教皇グレゴリウス1世（在位590～604）
グレゴリオ聖歌（単旋律、教会旋法、ネウマ）
ノートル・ダム楽派の多声音楽
アルス・ノヴァ（音楽の革新運動）が起こる（フランス）
ギヨーム・ド・マショー（1300？～77）
ギヨーム・デュファイ（1397？～1474）
ジョスカン・デ・プレ（1440？～1521）
パレストリーナ（1525～94）
ルネサンス
モンテヴェルディ（1567～1643）
シュッツ（1585～1672）
バロック
ローマ帝国成立（前27）
ローマ帝国が東西に分裂（395）
フランク王国成立（486）
フランク王国の分裂（870）
イスラム帝国（アッバース朝）成立（750）
十字軍遠征始まる（1096～1291）
マルコ=ポーロ『世界の記述』（1299）
イタリアでルネサンス始まる
大航海時代始まる